회계력

35살까지 꼭 알아야 하는

회계력

분석하고 개선하고 예측할 줄 아는
진정한 회계 프로가 되는 방법

고마다 다카히코 지음 | 구현숙 옮김

이아소

회계담당자에게 다가온 위기와 기회

왜 지금 회계가 변해야 하는가?

"당신의 업무 가치는 연간 300만 엔 이하입니다." 어느 기업이 숙련된 회계담당 직원에게 한 말이다. 300만 엔이 나온 근거는, 회계담당자가 하는 모든 일을 아웃소싱업체에 위탁했을 때 드는 비용을 산정한 금액이다.

출장비를 비롯한 경비 정산, 회계전표 기표와 회계 시스템 입력 작업, 구매와 외주 비용 지급, 외상 매출대금 회수관리, 급여 계산과 사회보험 사무절차 등을 아웃소싱으로 할 수 있다. 회사는 회계업무를 아웃소싱하면 정규 직원을 고용하지 않아도 되므로 급여와 통근수당 외에 회사에서 부담해야 하는 사회보험료, 연수교육비, 복리

후생비, 임대료, 광열비 등 여러 비용을 절약할 수 있다.

결국 앞에서 말한 기업은 회계업무를 아웃소싱업체에 위탁하기로 했고, 숙련된 회계담당자는 다른 부서로 이동하거나 업무 내용을 바꾸라는 지시를 받았다.

그러나 회계담당자는 입사한 뒤로 오로지 회계부서에서만 일했고, 또 회계업무에 긍지를 갖고 있었다. 때문에 다른 업무를 하기보다 지금까지의 실무 경험을 살려 다른 회사로 이직하기로 마음을 먹었다.

이대로라면 회계담당자는 워킹푸어가 된다

만약 회계담당자가 지금 직장을 옮길 경우, 과연 새로 취업하는 회사에서 받을 수 있는 연 수입은 얼마나 될까? 유감스럽지만 현실적으로 '회계업무를 할 줄 안다'고 해도 어느 정도 연 수입이 보장되는 정사원으로 고용되기는 어렵다.

기업은 단순한 '회계업무'를 위해 정사원을 채용하기보다 아웃소싱을 하거나 파견사원 또는 비정규직을 고용하기 때문이다.

회계업무에 드는 비용을 줄이려는 흐름은 앞으로도 계속될 것이다.

이미 회계업무를 중국 아웃소싱 전문회사에 위탁한 일본 기업도 속속 등장하고 있다.

회계업무의 가치가 연간 300만 엔 아래로 떨어지는 날도 이제 멀지 않았다.

일본에서 중국 회사의 급여 수준에 맞춰 근무한다면 정말 워킹푸어(Working Poor, 정규직처럼 전 시간을 일해도 저임금밖에 받지 못하는 근로빈곤층)가 될 것이다.

다른 근로자들이 일자리를 걱정할 때 회계는 아무나 할 수 있는 일이 아니라 고유 능력이 필요한 직업이니 걱정 없다며 안심하던 것도 이제 옛말이 되었다.

회사가 회계담당자에게 바라는 것

나는 회계업무 개선을 위한 세미나 강사로 5년 넘게 활동했다.

그동안 내 세미나를 수강한 사람들의 수를 헤아려보면, 보통 한 해 동안 세미나 참석자 수가 1,500명이 넘기 때문에 모두 해서 7,000명이 넘는 기업 회계담당자를 만난 셈이다.

세미나 현장에서 상담을 요청하는 기업 경영자와 관리자들은 한결같이 입을 모아 다음과 같이 말한다.

"우리 회계담당 직원은 성실하기는 한데……"

정확하고 능숙하게 수입과 지출을 기록하고, 항상 잔액이 일치하도록 맞추는 것은 회계담당자로서 매우 중요한 일이다. 회사에서도 그렇게 업무를 수행하는 회계담당자의 성실함을 인정한다.

하지만 기업 경영자와 관리자들은 그것만으로는 어딘가 부족하다고 느끼고 있었다. 그들이 회계담당자에게 원하는 바가 무엇인지 직접 물어보았더니, 다음과 같은 대답이 돌아왔다.

"일의 효율성을 높여 적은 인원으로도 회계업무를 수행할 수 있는 체제를 만들었으면 좋겠어요."

"경영진의 의사결정에 도움이 되는 정보를 적절한 타이밍에 알려주면 좋겠어요."

다시 말해 더 빨리, 더 효율적으로, 더 정확하게, 더 이해하기 쉽도록 회계서비스 수준을 향상시켜주기를 바라고 있었다.

'회계력'을 갖춰 경력을 향상시킨다

이 책은 당신이 회계전문가로 활약하기 위해 무엇을 해야 하는지 알려줄 것이다.

실제로 내가 지금까지 10년 넘게 해왔던 공부 방법과 이미 회계전문가로 활동하고 있는 선배들의 수많은 노하우를 정리해놓았다.

처음에는 약간 어렵게 느껴질 수도 있지만, 이미 회계업무를 터득한 당신이라면 충분히 해낼 수 있으리라 생각한다.

그리고 경력을 향상하는 과정에서 다음과 같은 경험을 하게 될 것이다.

① 회계를 통해서 사회에 기여할 수 있다.

② 전문기술을 활용하여 경력이 향상되고 급여가 인상된다.

자, 그러면 회계담당자인 당신의 근무 방법을 바꿔보도록 하자.

컴퓨터와 아웃소싱으로는 처리할 수 없는, 당신만이 가능한 회계 기술을 이용하여 '회계력'(개선력, 분석력, 보고력, 예측력)을 키워나가도록 한다.

이 책은 당신이 회계력을 터득할 수 있게 도와줄 것이며, 당신은 회계력을 바탕으로 앞으로도 자신감을 갖고 회계전문가로서 경력을 쌓아나갈 수 있을 것이다.

'회계합리화 프로젝트®' 대표 · 세무사

고다마 다카히코

차례

3장 분석력
경영 상태를 정확하게 파악한다

6장 회계경력을 개발하는 전략

과학기술은 하루가 다르게 빠른 속도로 진보하고, 비즈니스 업계는 급격하게 변화하고 있다.
학습하고 성장하기를 거부한다면 당신의 기술은 시대에 뒤떨어질지도 모른다.
스스로는 위험을 피했다고 여길지 모르나, 시장가치가 있는 기술을 지니고 있지 않다면
대단히 큰 위험부담을 안고 있는 셈이다. 현대 사회에서는 새로운 것에 대한
유연성과 개방성이 매우 가치 있는 자질이다.
―제프 컬러

중국에서 세계의
회계업무를 처리한다

2007년 9월 방영된 '인사관리와 회계업무는 모두 중국에서' 라는 NHK 스페셜 프로그램은 인사업므나 총구, 회계업무를 직업으로 삼고 있는 사람들에게 상당히 충격적인 내용이었다.

특히, 지금까지 자신의 직업이 전문직이라 믿었던 회계담당자들은 회계업무가 중국의 낮은 인건비로도 처리가 가능하다는 사실에 무척 놀랐을 것이다.

실제로 상하이와 다롄에 있는 아웃소싱 현장을 시찰하러 갔다가, 예상보다 훨씬 뛰어난 그들의 업무 수행 능력을 보고 깜짝 놀랐다. 지금도 이국땅에서 몇 백만 건이 넘는 경비 정산과 급여 계산, 회계 분개 입력 작업이 이루어지고 있다.

중국에서는 일본의 회계업무를 다음과 같이 처리한다.

일본에서 회계담당 직원이 일상 업무를 수행할 때는 순서나 작업 방법이 모두 담당자의 머릿속에 들어 있기 때문에 따로 매뉴얼이 필요 없다. 그에 비해 중국에서는 모든 작업이 매뉴얼화되어 있으며, 작업 지침서와 체크리스트에 따라 업무를 처리한다.

서류는 서버를 공유하여 인터넷을 통해 주고받는다. 예를 들어 경비 지급을 처리한다고 해보자. 먼저 일본 쪽에서 업자에게 받은 청구서를 스캐너를 이용해 서버에 저장한다. 그러면 중국 측 담당자는 서버에 저장된 청구서 이미지를 컴퓨터로 보면서 회계분개 자료를 입력한다.

거래처와 거래 내역에 따라 선택하는 계정과목은 정해져 있으므로, 중국 측 담당자는 매뉴얼에 나온 대로 필요한 항목을 입력해 나간다. 거래처의 납입 정보는 시스템에 등록되어 있기 때문에, 중국 측에서 회계분개를 입력하면 은행 계좌이체 데이터가 자동으로 작성된다.

회계 아웃소싱의 비용과 품질

회계업무를 아웃소싱하는 가장 큰 목적은 비용 절감이다.

일본 기업이 중국에 회계업무를 아웃소싱하는 이유는 회계부문의 인건비를 절감하기 위해서다.

그러면 구체적으로 어느 정도 비용 차이가 나는지 알아보기로 하

자. 가장 비교하기 쉬운 업무는 회계분개 입력 작업으로, 이 작업을 중국 업체에 아웃소싱하면 분개를 입력하는 건수 단위로 요금이 계산된다. 가령 상하이에 있는 회계처리센터의 경우는 단가가 분개한 개당 9엔부터 시작된다. 이 요금은 납기와 의뢰 방식에 따라 정해진다.

단순히 금액만 놓고 비교한다면, 중국에 회계업무를 맡긴 경우 정사원의 6분의 1, 파견사원의 4분의 1, 파트타임 직원의 2분의 1밖에 비용이 들지 않는다.

비용에 대해 이야기하면, 당신은 '나는 입력한 결과를 반드시 꼼꼼하게 검사해요. 그러니 입력만 하는 중국의 아웃소싱 업체와 같은 취급은 하지 말아주세요!' 라고 반박할지도 모른다.

그러나 중국 측 아웃소싱회사 역시 확인 작업을 한다. 오히려 일본보다 더 엄격하게 실시하는데, 그 이유는 실수를 하면 돈을 받을 수 없기 때문이다. 일본 기업에서 지시한 대로 작업하지 않거나, 계정과목 잔고가 맞지 않으면, 클레임이 들어오고 실수 정도에 따라서 요금도 감액된다. 이때 징계 차원에서 입력 담당자의 급여도 삭감되므로, 그런 일이 벌어지지 않도록 입력한 뒤에는 신중하게 입력 내용을 검사한다.

일본에서 만약 실수했다는 이유로 급여를 삭감한다면 회계담당 직원은 바로 회사에 사표를 낼 것이다.

'내일부터 당신 업무는 중국에서 할 겁니다' 라는 말을 듣는다면?

다롄이나 상하이에서도 모든 업무는 컴퓨터로 이루어진다. 직원 한 사람당 컴퓨터 1대를 사용하기 때문에, 최소한 컴퓨터로 일본어만 입력할 줄 알면 업무를 수행할 수 있다.

이 말은 이미 회계업무 중 많은 부분이 컴퓨터화되어 있다는 뜻이다. 회계담당자는 전표와 영수증을 보면서 내용이 누락되지 않도록 정확히 컴퓨터에 입력만 하면 된다. 다시 말해 무엇을 참고하고 어디에 무엇을 입력하면 되는지만 알면 되므로, 매뉴얼과 작업지침서만 있으면 누구나 입력할 수 있다. 매월 정기적으로 발생하는 거래는 계정과목이 정해져 있어 이전에 거래한 자료를 참고로 동일하게 처리하면 되기 때문에 걱정할 필요가 없다.

회계업무가 점점 컴퓨터화되면서 남은 것은 입력 작업뿐이다. 이 작업은 실무 경험을 토대로 한 전문적인 판단과 회계 지식을 갖춘 노련한 정사원이 아니어도 가능하다. 그러다 보니 입력 작업은 시간이 갈수록 파트타임 사원이나 파견 사원이 맡게 되었고, 결국에는 인건비가 낮은 외국인의 차지가 되었다.

종이 서류와 전표가 디지털화되고, 세계 어디서나 인터넷에 접속할 수 있게 된 덕분에 외국인 노동자를 직접 고용하지 않고도 외국에 있는 아웃소싱회사에 회계 처리를 맡길 수 있다. 이렇게 중국에서도 일본에 있는 것처럼 업무를 볼 수 있게 되면서 점진적으로 중국 아웃소싱회사에 회계업무를 의뢰하는 기업이 늘고 있다.

실제로 중국 아웃소싱회사에 회계업무를 맡긴 일본 기업에서는 회계담당 직원들이 회사를 그만두게 되었다. "당신이 하던 업무는 내일부터 중국에서 합니다."라고 통보를 하자, 회계담당 직원 대부분이 "내가 하고 싶은 일은 회계이다. 이곳에서는 더 이상 내가 할 일이 없으니 다른 회사로 가겠다."라며 퇴사했다고 한다.

회사가 회계업무를 외부 업체에 맡기려 한 원래 목적은 구조조정이 아니었다. 정사원의 일을 단순 업무에서 핵심 업무로 바꾸기 위해서였다.

회사는 정사원이 아니어도 가능한 사무 처리는 외부로 돌리고, 사내 회계담당자가 그만큼 남는 에너지를 결과 분석과 실적 관리,

예산 편성 같은 관리업무에 힘을 쏟아주기를 바랐다.

나 역시 회계 작업이 더 이상 전문직이 아니라는 사실을 중국 아웃소싱회사를 방문한 뒤에야 깨달았다.

다롄 아웃소싱센터에서 근무하는 판 씨의 말을 들어보자.

"간단한 업무는 우리 중국인에게 맡겨두고, 우수한 일본인은 더욱 수준 높은 일에 매진하세요."

IT화가 진행되면 사무업무는 사라진다

회계업무를 해외 아웃소싱회사에 의뢰하는 것은 바야흐로 전 세계적인 추세이다.

일본은 언어 장벽이 있어 해외에 위탁하는 것이 늦어졌지만, 미국과 유럽 기업은 이미 10년 전부터 회계업무를 인도 회계위탁회사에 맡기고 있다.

일본 경제산업성 'BPO(업무 프로세스 아웃소싱) 연구회' 보고서(2008년)에 따르면, 해외에 업무를 위탁하는 세계 아웃소싱 시장은 15.9퍼센트라는 높은 성장률을 보였고, 일본에서도 업무 아웃소싱이 연 5퍼센트 증가하였다.

이렇게 회계 아웃소싱이 증가하는 이유는 IT화가 급속도로 이루어졌기 때문이다. IT 보급으로 인해, 지금까지 담당직원의 지식과 경험을 바탕으로 판단했던 작업은 표준화되고, 컴퓨터에 데이터화되었다.

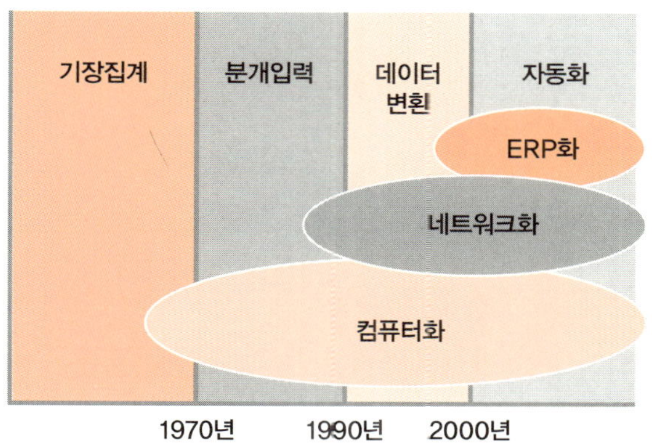

이렇게 회계를 컴퓨터로 처리하게 되면서 처리 과정이 크게 바뀌었다. 그 변화를 시대에 따라 정리하면 위의 그림과 같다.

기업에 컴퓨터가 보급되기 전에는, 어느 회사나 손으로 직접 전표와 장부를 기입하고 주판을 사용해 계산했다.

1970년대 이후 회계부서에 컴퓨터가 보급되면서 회계담당자의 업무는 장부를 기입하는 것에서 회계 시스템에 분개자료를 입력하는 것으로 바뀌었다.

각 부서에 있는 컴퓨터를 사내 네트워크에 접속하면, 각 부서의 업무 시스템에서 처리한 업무 자료가 회계 시스템과 연동하게 되었고, 이 자료를 변환하는 일이 회계담당자의 업무가 되었다. 회계전표를 입력하고 매출을 계상(計上)하는 것이 아니라, 영업부에서 컴퓨터로 처리한 매출 정보를 바로 회계 시스템으로 받을 수 있게 되었다.

현재는 사원 모두가 ERP(Enterprise Resource Planning, 기업의 경영 자원을 효과적으로 활용하여 경영 효율을 높이기 위해 기본적인 업무를 회사 전체에서 통합하여 관리하는 소프트웨어 패키지)를 업무에 사용하는 회사가 많다. 각 부서의 시스템에서 이루어진 거래 결과는 회계 분개 자료로 자동으로 변환되므로, 회계담당자가 분개 자료를 따로 입력하거나 변환할 필요가 없다.

이와 같이 거래가 발생하는 시점에서 정보가 컴퓨터에 입력되면, 그다음에는 네트워크로 필요한 승인 절차가 이루어지기 때문에 이제는 중간에서 업무를 처리할 직원이 필요 없다.

앞으로 기업의 IT화가 더욱 진행되면 거의 모든 사내 업무는 네트워크와 컴퓨터로 처리 가능하므로 결국 사무작업을 하는 직원들의 업무는 점점 줄어들게 된다.

물론 모든 작업이 컴퓨터로 자동화되는 것은 아니다. 하지만 남아 있는 작업이라고 해야 컴퓨터에 자료를 입력하는 정도이니, 이런 상황에서 비용이 저렴한 외국 회사에 입력 작업을 위탁하는 것은 어찌 보면 당연한 일이다.

회계담당자의 양극화

경기가 악화되면서 기업들은 회계를 포함한 관리업무의 IT화, 비정규직화, 아웃소싱화를 본격적으로 추진하기 시작했다.

　그러면서 회계담당자의 처지는 점점 두 종류로 나누어지게 되었다.

　첫 번째 그룹은 지금까지 해오던 대로 회계업무에만 매달리다가 결국에는 낮은 임금을 받으며 일하거나, 일자리를 잃는 사람들이다. 90퍼센트가 넘는 회계담당자들이 IT화와 아웃소싱화로 말미암아 일거리가 점점 줄어든다는 사실을 인식하지 못한 채, 매일 회사에 출근해 하던 일만 하면 앞으로도 계속 급여를 받을 수 있으리라 믿고 있다.

　그에 비해 자신의 가치와 경력을 향상하기 위해 노력하는 또 다른 그룹은 이미 사무작업에서 벗어나 있다. 그들은 일상적인 사무 처리는 컴퓨터와 아웃소싱회사에 맡겨두고, 자신은 조금 더 수준 높은 일을 해야 한다고 생각한다.

　회사에서 원하는 인재는 업무 생산성을 향상시키고 회사 수익에 기여하는 사원이다. 그러니 굳이 말하지 않아도 어떤 사람이 높은 평가를 받을지는 분명하다. 현재 회계담당자는 '기본적인 사무작업만 수행하는 수많은 회계담당자' 와 '자신의 능력을 개발하여 회사에 기여하는 소수의 회계담당자' 로 양극화가 진행되고 있다. 당신은 지금 어느 그룹에 속해 있는가?

　현재 당신의 위치를 정확히 이해했다면, 다음 장에 나오는 내용을 참고하여 '회계력' 을 개선하기 바란다.

직업 선택은 인생에서 가장 중요한 일이다. 그러나 그것은 우연(偶然)이 좌우한다.

—파스칼

회계는 좋은 직업이다. 그러나…

회계는 실무경험을 쌓으면 세계 어디에서나 그 경력을 살릴 수 있는 훌륭한 직업이다.

또한 회계분야에 종사하는 사람은 사회인으로서 성공할 수 있는 기본적인 소질을 충분히 갖추고 있다. 숫자에 강한 사람은 실무 능력이 뛰어나기 때문이다.

이와 같이 회계담당자는 경력을 개발해 성공할 수 있는 가능성이 매우 높다.

그런데 안타깝게도 많은 사람들이 혜택 받은 환경에 안주하려고만 한다. 전문적인 지식과 기술을 활용하여 자신의 가치와 경력을 향상시키고자 노력하는 사람은 매우 적다.

많은 회계담당자들이 잊고 있는 사실이 있는데, 업무가 익숙해지면 자연히 긴장이 풀리고 나태해져서 더 이상 발전하지 못하고 퇴화하기 시작한다는 점이다.

요즈음 회사에서 별다른 변화 없이 하루하루가 흘러가고 있다고 생각된다면, 자신이 안전지대에 숨어 게으름을 피우고 있는 것은 아닌지 한번 되돌아보기 바란다.

1장에서는 회계를 통해 회사에 기여하는 방법과 연령별로 '회계력'을 연마하는 방법을 살펴보기로 하겠다.

장부만 관리해도
먹고살던 시대는 끝났다

경력을 향상시키려면 자신의 무기를 효과적으로 사용할 줄 알아야 한다.

누가 뭐라 해도 회계담당자의 무기는 '회계 기술'이다. 회계 기술은 비즈니스에서 꼭 필요한 기술이지만 일반 사원들은 갖고 있지 않기에 회계담당자가 경쟁력이 있는 것이다.

하지만 무기는 그냥 갖고만 있어서는 아무 의미가 없다. 필요한 곳에 적절히 사용할 때 비로소 가치가 있다. 또한 올바르게 사용하지 않으면 제 기능을 다하지 못하고, 꾸준히 사용하지 않으면 녹이 슬어버린다.

당신은 자신의 무기인 회계 기술을 어떻게 사용하고 있는가?

대부분의 회계담당자는 회계 기술을 거래 결과의 분개작업이나 시산표를 작성하는 데 사용한다. 이것은 무사가 기껏 칼을 뽑아들고 무를 자르는 것과 같다. 다시 말해 소중한 재능을 잘 활용하지 못하고 있는 것이다.

확실히 10여 년 전에는 회계담당자의 업무라 하면 거래 내용을 전표와 장부에 기록하고 집계를 내는 일이 전부였다. 그래서 부기학원에 다니면서 복식부기를 배우고 결산서 작성하는 법을 공부했다. 장부만 관리해도 먹고살 수 있던 시대에는 그것으로 충분했다. 그렇게 일하면서 전문직으로 정년까지 일할 수 있었다.

그러나 지금은 컴퓨터가 거래 자료를 회계분개 자료로 변환하여 총계정원장과 결산서를 출력해주는 시대이다. 회계 기술을 시산표 작성에 사용하는 시대는 이미 끝났다.

과거에 부기학원에서 배운 지식과, 전표와 장부를 실수하지 않고 신속하게 기입하는 기술은 이미 진부한 기술이 됐다.

회계업무를 컴퓨터로 처리하는 시대에는 그에 부합하는 새로운 지식과 기술이 필요하다. 그것을 습득한 사람만이 경력을 향상시킬 수 있고, 더 높은 자리에 오를 수 있다.

혹시 회계 기술을 연마한다는 의미를 전표를 틀리지 않고 빨리 기록하거나, 분개 입력 속도를 높인다는 의미로 받아들인 사람이 있다면, 그런 시대착오적인 생각은 버리기 바란다.

지금 회사가 회계담당자에게 원하는 기술은 그런 것이 아니다.

회사는 회계의 관점에서 회사 상태를 살피그 판단할 줄 아는 회계담

당자를 원한다.

> **회계담당자의 과제❶** ➡ 분개와 장부 기입에 회계 기술을 사용하지 않
> 는다.

PDCA 사이클에 맞춰 회계 지식을 활용한다

그러면 구체적으로 어떤 일을 하기 위해, 무엇을 공부하면 좋을지 알아보기로 하자.

당신이 근무하는 회사의 활동을 중심으로 각 활동과 회계담당자 사이에 어떤 관련이 있는지를 살펴보면 무엇을 해야 하는지 알 수 있다.

일반적으로 기업 활동은 PDCA(Plan…계획, Do…실행, Check…평가, Action…개선) 사이클에 따라 이루어지므로 이것을 참고하면 이해하기 쉬울 것이다.

우선은 PDCA의 각 단계에서 당신의 최대 강점인 '회계 기술'을 효과적으로 활용할 수 있는 방법을 찾는 것이 중요하다.

다음 페이지에 있는 그림과 같이 PDCA 사이클에서 회계담당자에게 요구되는 능력은 다음과 같다.

Plan ……… 예측력(경영 계획, 예산 편성)

Do ………… 개선력(비용 절감, 속도 개선)

Check …… 분석력(업무 실적 확인, 이상치(異常値) 검증)

Action …… 보고력(업무 실적 보그, 예산　실적 관리)

거창하게 생각할 필요 없이, 자신이 담당하는 업무부터 시작하면 된다. 회계업무나 결산서 작성을 중심으로 일하는 사람은 순서를 바꿔서 다음과 같이 DCAP 순서로 실행할 것을 권한다.

(1) 'Do' 개선력

회계담당자가 업무 방식을 바꿀 때 처음 실시하는 것이 'Do' 단계이다.

일상적으로 Do는 현장에서 이루어지지만, 회계담당자 역시 회계부서의 생산성을 향상시키기 위해 노력해야 한다.

실제로 IT와 아웃소싱을 활용하면 업무 처리 속도가 개선되고 비용이 절감된다.

지금까지 회계부서에서 처리했건 사무업무를 철저하게 표준화하여 IT와 아웃소싱을 적극적으로 활용하는 방식으로 전환하도록

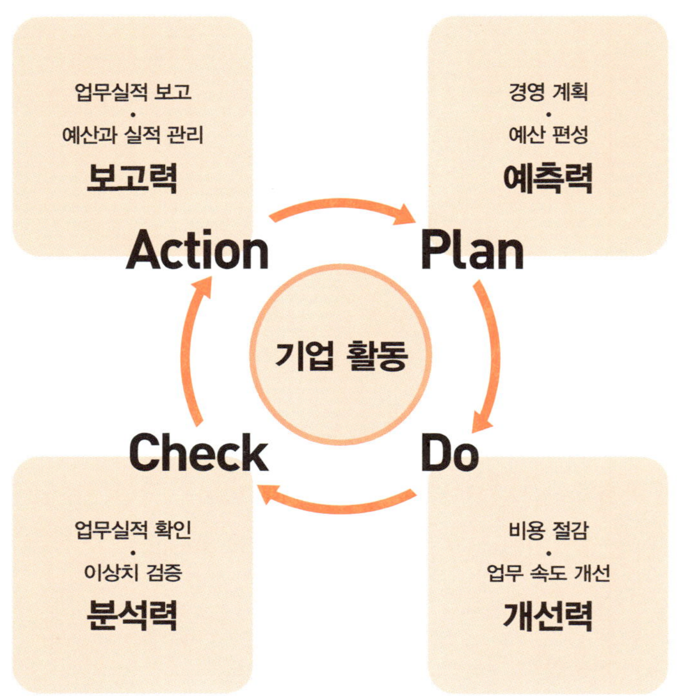

한다.

여기에서 필요한 능력은 IT 지식과 업무 분석을 위한 사고력이다. IT 지식이라 해서 당신이 회계 시스템 프로그램을 만드는 것이 아니므로 너무 걱정할 필요는 없다. 회사 전체의 서류흐름을 정리해서, 어떤 것이 컴퓨터로 처리 가능한지 정도만 이해하면 충분하다.

회계부서의 생산성을 개선하는 목적은 회계담당자에게 시간을 만들어주기 위해서다.

회계담당자가 굳이 하지 않아도 될 일은 배제하고, 그만큼 여유가 생긴 시간을 업무 실적 관리나 업무 계획을 세우는 데 사용할 수 있도록 말이다.

회계담당자는 근무시간의 80퍼센트 이상을 경비 정산과 지급 업무, 전표와 장부 작성과 같은 사무작업에 소비하고 있다. 정사원이 이런 사무작업을 수행하는 것은 회계 기술을 낭비하는 일이다.

회계 기술을 전표나 장부를 다루는 사무작업에 사용하는 것을 당장 그만둬야 한다. 단순 사무는 IT와 아웃소싱을 활용하여 처리하고, 회계기술은 회사에 기여할 수 있는 업무에 할애하자.

경력을 향상시켜 성공하느냐 못하느냐는 당신이 시간을 어떻게 사용하느냐에 달려 있다. 시간을 효과적으로 사용하려면 먼저 시간부터 확보해야 한다.

'개선력'에 대한 자세한 설명은 제2장에서 다루도록 하겠다.

(2) 'Check' 분석력

회계업무를 컴퓨터와 아웃소싱에 닽겼다면 다음에 할 일은 'Check'이다.

'분석력'에서는 회계담당자의 무기인 회계 기술을 발휘할 수 있다.

업무실적 관리는 이전부터 해오건 일이지만, 지금과 같은 방식에 조금 변화를 주어보자.

대부분의 회사는 업무실적 관리로 월차손익(매출과 이익)만 관리한다. 그러나 회계부서에서 이익을 창출할 수 있는 대책은 '경비 삭감' 밖에 없다.

회계부서는 판매 확대를 위한 전략을 내세울 수 없기 때문에 손익을 늘리는 수단으로 '인건비'나 '관리비' 등 여러 경비를 줄이는 수밖에 다른 방법이 없기 때문이다.

하지만 손익이 아닌 현금흐름(Cash Flow) 관리에 중점을 두면 회사가 집중해야 할 개선 사항이 보일 것이다.

현금흐름을 원활하게 하기 위해서 재고와 외상매출금의 회전율을 개선하거나, 이익률과 자금 효율을 증가시키기 위한 대책을 검토한다.

분석력은 관리회계와 현금흐름 관점에서 재무 상태와 경영 성과를 볼 줄 아는 것이다.

경영의 관리회계 관점에서 이익을 보는 능력과 은행이나 투자가의 관점에서 현금흐름과 재무 균형을 보는 능력이 필요하다.

매일 발생하는 거래 자료를 기업 활동에 필요한 정보로 가공하는 기술이 있어야만 숫자의 의미를 이해할 수 있기 때문이다.

'분석력'에 대해서는 제3장에서 자세히 살펴보겠다.

(3) 'Action' 보고력

세 번째 단계는 'Action'이다.

일반적으로 기업 활동에서 'Action'을 시작하는 것은 경영자와 현장에 있는 직원이다.

여기서 회계담당자가 할 수 있는 일은 경영자와 현장직원들이 'Action'을 시작할 수 있게 돕는 것이다. 회계담당자는 경영자와 현장직원이 행동을 시작할 수 있도록 사업 활동을 평가한 결과를 피드백해줘야 한다.

피드백이 제 기능을 발휘하면 경영자와 현장직원은 회계담당자의 보고를 수용하여 행동을 보완하고 개선한다. 하지만 안타깝게도 회계담당자의 업무 실적 결과에 대한 피드백이 제대로 기능을 발휘하는 회사는 별로 많지 않다.

회계담당자의 피드백이 경영자와 현장직원에게 제 역할을 다하지 못하는 이유로 두 가지 요인을 떠올릴 수 있다.

첫 번째는 회계담당자의 보고가 지나치게 전문적이어서, 경영자나 현장직원이 숫자를 집계한 결과를 보고도 무엇을 어떻게 바꿔야 할지 모르는 경우이다.

또 다른 요인은 결과 보고가 너무 늦는 경우이다.

회계담당자가 회사의 피드백 기능이 회복되기를 원한다면, 매달 중순이 지날 무렵 회계 시스템에서 잔고 시산표를 프린트해주는 정도로 할 도리를 다했다고 생각해서는 안 된다. 이런 경우에는 회계 지식이 없는 사람도 한눈에 쉽게 파악할 수 있도록 보고 방식을 바꿔야 한다.

이때 프레젠테이션 능력이 있으면 큰 도움이 된다.

경영자와 현장직원에게 업무 실적과 재무 상태를 이해하기 쉽게 전달하기 위해서는 회계 기술을 바탕으로 수치를 시각화할 필요가 있다.

'보고력'에 대해서는 제4장에서 도움이 될 만한 방법과 함께 자세한 내용을 살펴보도록 하겠다.

(4) 'Plan' 예측력

PDCA 사이클의 마지막은 'Plan'이다.

경영 계획을 세우는 단계에서 회계담당자가 할 일은 계획이 실현될 수 있도록 자금을 조달해주는 것이다.

계획을 달성하기 위해 한창 애쓰는 중에 자금이 모자라지 않도록, 사전에 각 상황에 대한 시뮬레이션을 실시하여 자금 규모를 예측해야 한다.

매출과 이익 계획은 회계 기술이 없어도 세울 수 있지만, 그에 따른 대차대조표와 현금흐름이 어떻게 될지 예측하려면 회계 기술과 재무 지식이 필요하다.

그리고 또 하나 중요한 것이 시뮬레이션 능력이다.

기업 활동은 여러 가지 변동 요인이 복잡하게 얽혀 있고, 경제는 매일 변하기 때문에 예측하기가 매우 어렵다. 그래서 전혀 예상 밖의 일들이 터지기도 한다. 회계담당자가 예측을 게을리 하면, 경영자는 계획 없이 형편에 따라 즉흥적으로 회사를 경영해야 한다.

계획을 세우고 계획한 대로 목표를 달성하는 기업의 회계담당자는, 미리 변화에 따른 몇 가지 유형의 시뮬레이션을 실시한 다음 미래를 대비해서 차선책을 강구한다.

'예측력'에 대해서는 제5장에서 함께 공부하도록 하자.

> **회계담당자의 과제❷** ➡ PDCA 사이클 안에서 회계담당자가 회사에 기여하는 방법을 모색한다.

업무 방향을 과거에서 현재와 미래로 전환한다

회계담당자의 수준은 어느 시점의 업무를 하고 있느냐에 따라 결정된다.

이미 종결된 과거의 거래는 변동이 없으므로 서류를 보면서 나중에 천천히 처리해도 된다.

그러나 현재 진행 중인 거래는 상대방이 기다려주지 않기 때문에 그때그때 알맞게 필요한 대응을 해줘야 한다. 앞으로 일어날 거래는 아직 거래 상대가 정해져 있지 않으므로, 다양한 상황을 추정하여 경제 변동 요인을 예측하면서 계획해야 한다.

과거의 업무보다 현재와 미래의 업무에 회계 기술을 활용할수록 업무 수준은 높아진다.

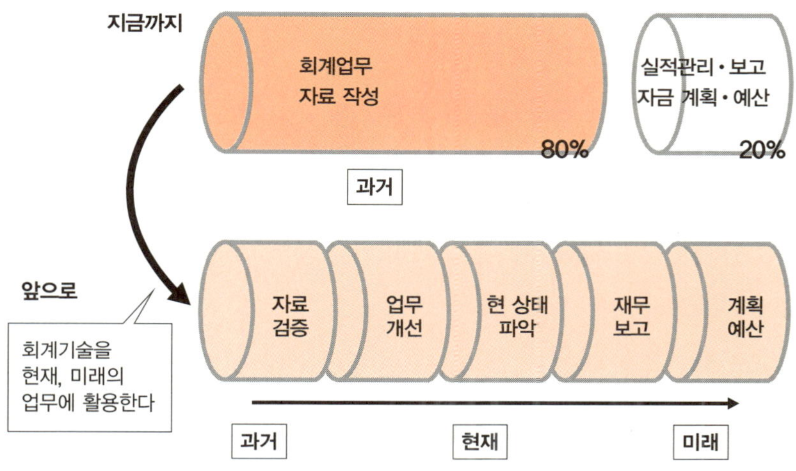

당신은 과거, 현재, 미래 중 어느 시점의 업무에 시간을 할애하고 있는가?

회계 기술을 어느 시점의 업무에 사용하느냐에 따라 회사에 대한 기여도가 달라지며, 회계담당자의 가치 역시 달라진다.

지금까지 해오던 대로 과거에 이미 종결된 자료를 집계하거나, 일상 사무작업에 회계 기술을 사용해서는 경력을 향상시킬 수 없다.

IT화와 아웃소싱화가 점진적으로 진행되고 있는 상황에서, 회계담당자에게 요구되는 역할과 변화에 대한 회계담당자의 대응 방향은 분명해졌다.

당신도 더 이상 과거의 사무 처리에 시간을 할애하지 말고, 회사의 PDCA 사이클에 맞춰 회계 기술을 효과적으로 활용하여 경력을 향상시키기 바란다.

회계담당자가 과거의 사무를 처리하는 데 너무 많은 시간을 소비해서는 회사뿐 아니라 회계담당자 역시 제대로 성장하지 못한다.

비즈니스 환경이 끊임없이 변화하는 시대에 도태되지 않고 계속 성장하려면, 가치 없는 과거의 것은 버리고 새로운 환경에 맞춰 빠르게 적응해야 한다.

당신 회사의 회계담당자는 최근 1년 동안 얼마나 회사에 기여했는가? 그리고 이 급격한 변화의 시대를 극복할 준비는 되어 있는가?

회계담당자의 과제❸ ➡ 시간 축을 바꿔 업무 수준을 높인다.

20대, 30대, 40대 회계담당자의 경력관리 계획

다음은 회계담당자의 경력관리 계획에 대해서 생각해보자.

대다수의 회계담당자들은 다른 회사의 회계담당자들이 어떻게 경력을 관리하고 있는지 알지 못한다. 나는 경력 개발을 위해 노력하는 회계담당자들을 만날 때마다 경력을 개발하는 방법에 대해 물어보았다. 그들의 대답을 세대별로 정리한 것이 다음 페이지에 나오는 '회계담당자의 경력관리 계획'(Career Plan)이다.

본보기가 되어줄 사례가 있으면 앞으로 해야 할 일이 무엇인지 구체적으로 이미지를 떠올리기 쉽다. 여기서 중요한 핵심은 다음 단계로 나아가기 위해서는 공부하고 준비하는 중간 단계가 필요하다는 사실이다.

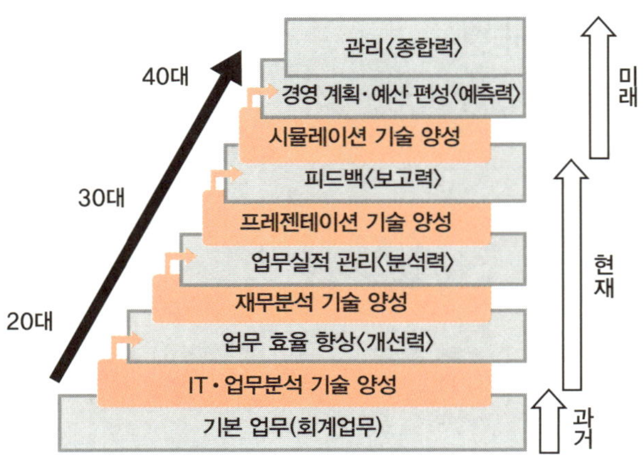

20대는 도전 정신과 개혁 정신으로

회계부서에 배속되는 사원은 대부분이 입사하기 전에 부기 공부를 한 사람으로, 입사한 뒤에는 회계업무를 시작으로 회계 기본 업무를 하나씩 터득해 간다. 회사 규모에 따라 다르지만, 보통 2~3년이면 대강 회사의 거래흐름부터 결산까지 모두 경험할 수 있다.

이때는 무슨 일이든 가리지 않고 체험하여 자신의 것으로 만드는 도전 정신이 중요하다. 어떤 업무든 실제로 해보지 않으면 그 일의 어려움도 즐거움도 알지 못한다. 모르는 것이 있을 때는 괜히 아는 척하지 말고 솔직히 선배에게 묻는 것이 바람직하다. 나이 먹을수록 고개 숙이며 '잘 모릅니다. 알려주세요.' 라고 부탁하기가 점점 어려워진다. 모른다는 사실을 인정하고 가르쳐달라고 당당히 요구하는 것은 젊은 세대의 특권이다.

과거에는 무조건 모든 업무를 선배에게 배워야 했다. 하지만 지금은 상황이 다르다. 컴퓨터와 인터넷을 다루는 능력처럼 직장 선배보다 젊은 세대가 더 뛰어난 분야도 있다. 젊은 세대의 강점은 새로운 기술을 유연하게 받아들인다는 것이다.

IT기술이 하루가 다르게 진화하고 있으니 젊은 세대에게 다시없는 좋은 시기이다. 정보관리 방식이 종이에서 디지털로 바뀌면서 유독 종이 서류를 많이 취급하는 회계 분야에는 개혁해야 할 과제가 산더미처럼 쌓여 있다. 그만큼 젊은 세대가 활약할 수 있는 기회 역시 많아졌다.

회계의 기본 업무를 터득한 뒤에는 그 기회를 적절히 활용할 수 있도록 IT와 업무분석 지식을 공부하기 바란다. 예를 들어 회사에서 회계 시스템과 업무 시스템을 새로이 도입할 때는 반드시 프로젝트팀에 참여하는 것이 좋다. 새로운 업무 시스템의 구축 형태와 새로운 기술을 익힐 수 있는 동시에 사내 업무의 문제점을 파악할 수 있는 절호의 기회이다.

이런 기회를 통해 IT기술과 업무분석 능력을 터득하여, 스스로 회계업무의 효율을 향상시켜 나간다.

또한 회사의 회계 시스템을 스스로 재구축하는 과정에서 회사 전체의 업무처리 정보와 자금흐름을 파악할 수 있는 능력을 습득할 수 있다.

업무를 시스템화하면 업무 효율을 높일 수 있기 때문에, 자료를 집계하거나 문서를 다루는 데 들어간 시간을 단축할 수 있으며, 그만큼 자신의 시간을 현재와 미래의 업무에 배분할 수 있다.

30대는 회계 인생에서 중요한 시기이다

20대 후반부터 30대 초반까지는 특히 진로 문제로 고민하는 사람이 많다. 지금 하는 일을 계속하는 편이 좋을지, 아니면 다른 일을 찾아보는 편이 나을지 번민하는 시기이기 때문이다. 이 시기에 고민을 많이 하는 이유는 30대 후반이 되면 이직 조건이 엄격해지는 탓도 있다.

이 연령대의 회계담당자에게 '앞으로 어떤 일을 하면 좋을까요?'라는 질문을 자주 받는다. 이 질문에서 매너리즘에서 탈피하여 성장하고자 하는 향상심과 미래에 대한 불안을 느낄 수 있다. 현재 하고 있는 업무의 연장선상에서 자신의 미래 모습이 그려지지 않기 때문이다.

불안감은 회계담당자로서 '회계력'에 자신이 없어서 생기는 것이므로, 본인의 실력을 갈고닦는 수밖에 다른 도리가 없다.

그러기 위해서 30대 회계담당자는 꼭 회사 상태를 회계 관점에서 보는 능력을 길러야 한다.

재무분석 기술을 익히기 위해서 지식을 습득하는 것도 중요하지만, 어려운 전문서적을 읽고 공부만 할 것이 아니라, 공부한 내용을 회사나 본인의 업무에 적용하는 편이 기술을 익히는 데 더욱 효과적이다.

머리에 지식만 일방적으로 주입하다 보면 어느 사이에 실무와 멀어지고 이론만 앞세우는 평론가처럼 되고 만다. 새로 얻은 지식이 실제로 어떻게 사용되는지 고민하면서 공부하면, 업무와 연관시킬 수 있기 때문에 한층 더 흥미가 샘솟는다.

나도 실제로 해보고서야 깨달은 사실이지만, 재무분석 기술을 익히려면 많은 경험을 해봐야 한다. 여기서 많은 경험이란 결산서를 많이 보는 것을 의미한다.

자사의 월차 결산서를 매달 분석하면서 같은 업종에 있는 다른 회사의 결산서를 가능한 한 많이 분석해보기 바란다.

다른 기업의 결산서를 분석하다 보면 회사 사정이 좋은 결산서와 그렇지 못한 결산서의 차이를 배울 수 있다.

상장기업의 결산서는 인터넷에 공개되어 있으므로 관심 있는 회사의 결산서를 다운로드하여 보는 습관을 들이는 것도 도움이 된다.

회계담당자의 과제❺ ➡ 실무에서 사용하는 재무분석 방법을 적어본다.

40대에 회계 본연의 역할을 수행하기 위해서

재무를 분석할 줄 알게 되면 회사의 문제점이 하나둘 눈에 들어오기 시작하고, 회사 경영과 현장 분야의 개선을 위해 여러 가지 제안을 하고 싶어진다. 하지만 그 일이 간단하지 않다. 왜냐하면 회계 전문용어를 늘어놓으며 열심히 설명해도 상대방에게 필요한 정보가 제대로 전달되지 않기 때문이다. 이럴 때는 상대의 입장을 고려하여 전달 방법을 새로이 모색해야 한다.

회계 관리자 중에 '우리 회사 경영자는 회계에 대해 문외한이라 설명을 해줘도 소용이 없어' 라며 한탄하는 사람이 있다. 그런 사람은 경영자를 탓하기 전에 먼저 스스로를 되돌아볼 필요가 있다.

자신의 의견을 다른 사람에게 제대로 전달하지 못하면 조직에서 인정받기 어렵다. 그래서 40대가 될 때까지 익혀두어야 할 능력 중 하나가 바로 보고의 기술이다.

필요한 정보를 정확하게 상대방에게 전달하기 위해서는 영업사원과 마찬가지로 커뮤니케이션 능력과 프레젠테이션 능력을 길러야 한다.

상대방의 입장을 고려해서 사전준비를 하고, 전하고자 하는 정보를 정리한 다음에 열정을 가지고 설득해야 한다. 재무 지식이 아무리 뛰어나도 보고력이 부족한 회계담당자는 회사에 대한 기여도가 높아지기 힘들다. 또한 지식만 있고 행동이 따르지 않는 회계담당자는 사내에서 고립될 뿐이다.

회사의 장래를 짊어질 인재의 조건

다음 단계는 시간 축을 현재에서 더욱 앞으로 움직여 미래로 옮기는 것이다.

회사의 현재 상태를 수치화하고 그 정보를 객관적으로 사내에서 공유할 수 있게 되었다면, 40대 후반부터는 회사의 장래를 짊어질 인재가 되도록 노력해야 한다.

경영자에게 신뢰 받는 회계담당자는 회사의 재무, 즉 자금을 안심하고 맡길 수 있는 존재이다.

자금을 맡길 수 있는 사람이란, 회사의 돈지갑을 쥐고서 회사 자금의 낭비를 막을 뿐만 아니라 경영자와 하나가 되어 회사의 장래를 고민하는 사람이기도 하다.

회사의 목표를 달성하기 위해 경영자와 함께 경영 계획을 책정하고, 실행예산 수준 안에서 자금이 뒷받침되는지 확인한 뒤에, 외부에서 자금을 조달하는 것이 회계담당자의 역할이다.

회계담당자의 업무는 경영에 필요한 '정보'와 '자금'을 회사에 공급하는 것이다.

회계담당자가 세운 자금 계획이 명확하지 않으면 회사를 위험한 상황으로 몰고 갈 수 있으므로 진중함과 냉정함이 요구된다. 이 일은 회사 안에서는 물론 밖에서도 신용을 얻을 수 있는 성실함과, 어떤 어려움이 있어도 포기하지 않는 책임감이 있어야 할 수 있다.

이 단계의 업무는 지식과 경험 외에 예측하고 생각하는 능력이 필요하다. 아무리 훌륭한 재정 이론을 공부해도 회사의 자금흐름을 예측하지 못하면 아무런 소용이 없기 때문이다. 기업 경영에는 정답이 없기에, 이론처럼 교과서대로 움직여주지 않는 점이 어려운 부분이다.

또한 금융과 경제 정세가 바뀌면 자금 계획을 대폭 수정해야 하므로 참으로 골치 아픈 일이 아닐 수 없다. 이래서 회계재무 책임자 자리까지 오를 수 있는 사람은 극히 소수에 불과하다. 게다가 회계부서의 관리를 맡을 만한 연령이 되면 정보와 자금 외에 인재관리까지 신경을 써야 한다.

그럼, 회계담당자 경력 계획에 맞춰 단계를 밟아 올라가는 방법을 살펴보도록 하자.

회계담당자의 과제❼ ➡ 자신의 '회계력'을 종합적으로 평가한다.

02

개선력

비용을 절감하고 업무 속도를 높인다

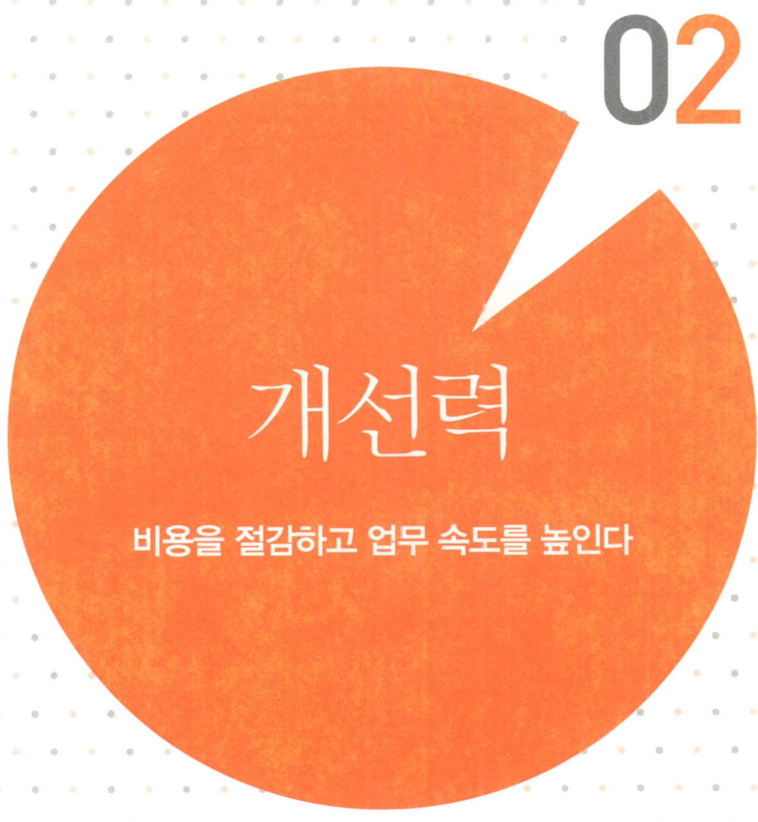

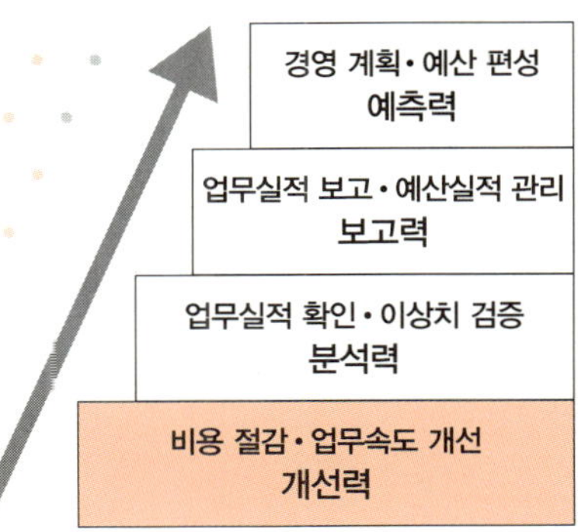

스스로 생산성을 높여
회사에 기여한다

제1장에서 회계담당자가 회사에 더 많이 기여하기 위해 맨 처음 할 일은 PDCA 사이클 중 'Do'라고 설명했다.

지금까지 회계부서는 'Do'에 대해 다른 부서가 움직이는 모습을 그저 보고만 있었다. 하지만 앞으로는 간접 부서인 회계부서도 적극적으로 업무를 개선하고, 회사에 기여하지 않으면 살아남을 수 없는 치열한 시대가 되었다. 회계업무의 속도 개선과 비용 절감을 위해 목표를 설정하고 목표 달성을 위해 행동하자.

성장하려면 회사와 회계담당자 모두 생산성을 올려야 한다. 여기서 생산성을 올린다는 것은 시간과 돈의 이용 효율을 높여서 더 많은 성과를 올려야 한다는 의미이다. 지금까지 나는 '회계 합리화 프로젝트' 라는 활동을 통해 3000곳이 넘는 회사의 회계부서가 업무를 효율적으로 개선할 수 있도록 도왔다.

단, 회계담당자가 혼자서 업무를 처리하는 데에는 한계가 있으며, 회계부서 내에서 할 수 있는 개선 범위 역시 한정되어 있기에 대단한 효과를 기대하기는 어렵다. 앞으로는 당장 눈앞에 보이는 문제에만 관심을 기울일 것이 아니라, 회사의 입장이 되어 문제의 근본적인 원인을 찾고 제거함으로써 회계 구조를 바꿔야 한다.

그 이유는 정보관리 방식이 바뀌었기 때문이다. 구체적으로 말하면 과거에는 종이 서류로 정보를 관리했지만, 지금은 IT로 디지털 정보를 관리한다.

사람들은 컴퓨터에 가장 알맞은 업무가 회계라고 말한다. 컴퓨터는 회계업무의 중심인 기록, 계산, 자료 작성을 신속하고 정확하게 처리할 수 있다.

그러나 유감스럽게도 대부분의 회사들이 IT라는 편리한 도구를 업무 효율을 높이는 데 충분히 활용하지 못하고 있다. 특히 회계부서는 IT의 다양하고 편리한 기능 중 고작 3퍼센트 정도밖에 사용하지 않고 있다고 한다.

회계담당자가 생산성을 향상시켜 회사에 기여하려면 PDCA 사이클 중 'Do' 단계에서 IT를 활용하는 것이 유익하다. IT를 활용하면 시간을 효과적으로 사용할 수 있으며, 업무 효율을 높여 회사에 기여할 수 있으므로 일석이조이다.

그러면 IT를 활용하여 '개선력'을 향상시키는 방법을 살펴보도록 하자.

회계담당자의 과제❶ ➡ IT를 활용하여 정보관리 방식을 바꾼다.

IT화했는데 왜 생산성이
향상되지 않는 걸까?

대다수 회계담당자들은 매일 컴퓨터로 작업을 한다. 그리고 100만 곳이 넘는 일본 기업이 재무회계 시스템을 도입했다.

그러나 회계부서의 생산성은 이전과 비교해서 별반 달라진 점을 찾아볼 수 없다.

IT를 도입했는데도 업무 효율이 나아지지 않는 원인은 무엇일까? 그것은 다음 세 가지를 원인으로 꼽을 수 있다.

| 원인① | 정보 형태를 바꾸지 않는다.

| 원인② | 정보를 공유하지 않는다.

| 원인③ | 회계담당자를 바꾸지 않는다.

첫 번째 원인인 '정보 형태를 바꾸지 않는다.'란, IT를 도입하고도 그전과 마찬가지로 정보를 주고받을 때 종이 서류를 사용하기 때문에 변화가 없다는 의미다. IT를 활용하여 업무 효율을 높이는 데 성공한 기업은 정보를 종이가 아닌 디지털로 전환해서 주고받는다. 정보처리를 컴퓨터로 하려면 먼저 정보 형태를 종이에서 디지털로 바꿔야 한다.

두 번째 원인인 '정보를 공유하지 않는다.'는 각 부서와 직원들이 정보를 개인 컴퓨터에 고이 모셔놓는 탓에 사내에서 제대로 활용하지 못한다는 뜻이다.

정보를 공유하면 거래가 발생하는 시점에서 결제와 계상을 바로 할 수 있다. 하지만 각 부서와 개인이 정보를 가지고 있거나, 회계담당자가 서류를 처리하지 않고 그대로 방치하면 현재 상태를 제대로 파악할 수 없다. 정보는 누구나 볼 수 있기 공유하고, 원활히 흐를 수 있도록 해야 한다.

세 번째 원인인 '회계담당자를 바꾸지 않는다.'는 누구나 작업이 가능하도록 사무작업을 컴퓨터화했음에도 불구하고 이전 사람이 여전히 작업을 계속하고 있다는 의미이다.

회계업무를 프로그램화하여 컴퓨터로 처리할 수 있게 된 덕분에, 기본적인 사용 방법만 알면 굳이 회계담당 직원이 아니더라도 누가 작업하든 동일한 결과를 얻을 수 있다. 따라서 작업담당자를 인건비가 저렴한 비정규직이나 파견사원으로 대치하는 것이 바람직하다.

　다시 말해 IT화로 생산성을 높이려면 정보를 디지털로 전환하고, 정보를 공유하며, 작업담당자를 교체해야 한다.

　IT라는 도구를 사용하여 제대로 효과를 얻으려면 도구에 맞는 환경이 먼저 갖춰져야 한다.

종이를 없애면 업무처리 시간을
4분의 1로 단축할 수 있다

회사 내 사무절차가 디지털화될수록 업무처리 효율은 점점 향상된다.

그리고 지금까지 종이로 처리했던 출퇴근 타임카드나 교통비를 비롯한 여러 경비의 정산 신청을 사내 네트워크로 처리할 수 있게 된다.

이것이 어느 정도 효과를 거두는지는 일본정부의 'IT전략회의' 에서 민간 사례로 보고된 캐논의 출장여비 정산 사례를 보면 잘 알 수 있다.

캐논에서는 매달 그룹 차원에서 7,000명에 달하는 사원들의 출장 여비 정산을 처리해야 한다. 이전에는 직원이 여비정산 신청서에 기 입하여 제출하면, 각 부서 서무담당자가 종이 신청서를 하나로 모아

본사 인사부에 보냈다. 본사에서 검산과 정산작업을 하는 데만 해도 몇 주가 걸렸다고 한다. 그런데 출장여비 정산 워크플로시스템을 도입한 뒤에는 출장을 다녀온 직원이 직접 컴퓨터로 여비정산 신청서를 제출하면 이틀 후 지급 절차가 완료되도록 바뀌었다. 게다가 이제까지 몇 십 명의 사무담당자가 해왔던 일을 인사부 담당자 혼자서 처리할 수 있게 되었다.

이와 같이 거래항목이 발생한 시점에서 정보를 컴퓨터에 입력하면, 필요한 승인 절차는 온라인에서 이루어진다. 부서 간에 종이전표를 돌리지 않게 되자 업무 효율이 눈에 띄게 향상되었다.

회계부서에서도 업무처리 결과를 디지털 데이터로 받으면 회계시스템에 분개자료를 따로 입력할 필요가 없기 때문에 작업 시간을 확실히 단축할 수 있다.

나 역시 직접 해본 결과 예상보다 효과가 좋았다.

실제로 해보기 전에는 입력하는 과정이 사라진 만큼 사무처리 시간이 대략 2분의 1 정도로 줄지 않을까 하고 예상했다. 그런데 전표가 사라지자 작업 시간이 3분의 1 혹은 4분의 1 이하로 단축되었다.

아무리 완벽한 사람이라도 실수는 하기 마련이므로, 작업을 마치면 항상 어디 문제가 없는지 확인해야 한다. 특히 회계는 돈을 다루는 일이어서 실수가 용납되지 않기에 이중삼중으로 재확인해야 한다.

그런데 거래정보가 디지털화되면서 회계부서에서 컴퓨터에 따로 입력할 필요가 없어졌다. 다시 말해서 실수를 범하는 인간이 중간에 관여할 틈이 없다는 뜻이다. 그 덕분에 입력한 뒤에 숫자를 확인하는 데 소요되던 시간을 줄일 수 있었다. 뿐만 아니라 종이 정산서에 옮겨 적다가 잘못 적거나, 집계 중에 계산이 잘못되지는 않았는지 확인하는 과정도 필요 없기 때문에 그만큼 시간을 절약할 수 있다.

회계담당자의 과제❸ ➡ 전표가 필요 없는 회계구조를 만들어 입력과 확인 작업에서 자유로워진다.

사내 수치 데이터를
공유한다

종이 전표를 디지털화한 다음에 할 일은 디지털 정보의 공유이다. 정보관리 형태를 디지털화하면 회사 내 IT 효율은 비약적으로 상승한다.

다양한 정보를 회사 안에서 공유했을 때 얻을 수 있는 이점은 매우 많으며, 그 이점을 가장 유용하게 활용할 수 있는 분야가 바로 회계다. 회계에서 다루는 데이터는 금액, 즉 수치 데이터이기 때문이다.

수치 데이터는 2차 가공, 3차 가공이 가능하다. 예를 들어 일본에서는 상품을 판매하면 매출에 관한 데이터가 발생하고, 월말에 그것을 집계하여 소비세율을 곱해서 청구서를 발행한다. 한 달 동안의 청구 데이터는 회계부서에서 매출액으로 분개하여 계상되고, 은행의 입금데이터와 대조해서 외상매출금을 지워나간다. 그 외에도 상품별, 단골 거래처별 등으로 분류해서 통계자료로 분석에 이용할 수 있다.

이와 같이 거래 결과를 수치 데이터, 특히 금액 데이터로 데이터베이스화하여 회사 안에서 공유하면 여러 가지로 좋은 점이 많다.

그러나 안타깝게도 기업 중에는 자료를 애써 디지털 형태로 전환하고도 제대로 활용하지 못하는 경우가 많다.

그것은 영업부서나 구매부서, 제조부서 사원들이 자신의 컴퓨터에 있는 디지털 자료를 서로 공유하지 않기 때문이다. 각자의 데이터를 공유하지 않고 본인 업무에만 활용하면, 사내 각 부서는 필요할 때마다 동일한 내용을 중복해서 입력해야 한다. 이것은 인력 낭비에 시간 낭비다. 이래서는 업무 효율을 개선할 수 없다.

회계부서는 업무 효율을 개선하기 위해 데이터 공유화를 제안하고 활성화시켜 나가야 한다. 사원 개개인이 각자의 방식으로 정보를 갖고 있을 것이 아니라, 회사 안에서 공통된 기반을 구축하여 체계적으로 관리해야 한다.

이때 직원들이 효율적인 업무 처리를 위해 공동 작업을 할 수 있게 도와주는 소프트웨어인 그룹웨어(group ware)를 이용하면 직원 모두가 정보를 공유할 수 있으며, 자료를 따로 입력할 필요 없이 기존의 정보를 가공하여 사용할 수 있다.

그뿐 아니라 작업 일정이나 연락 사항 등 개인 수첩에 적던 것을 그룹웨어를 이용해서 관리하면 직원 모두의 업무 일정을 서로 확인할 수 있다.

거래 정보에 대해서도 회사에서 기반이 되는 시스템을 도입해서 각 부서에서 사용하면 거래가 발생한 시점에서 데이터를 공유하고 관련 부서에서 그 데이터를 바로 활용할 수 있다.

데이터를 공유한다는 것은 사내 움직임을 투명하게 하는 것이다.

회계담당자의 과제❹ ➡ 사내 수치 데이터를 투명하게 한다.

문서를 현명하게
정리하는 방법

사내 여러 부서 중에 회계부서만큼 종이문서가 쌓이는 곳도 없다. 거래관련 서류는 법률적으로 원본문서를 보관해야 하는 의무가 있는 탓에 마음대로 버릴 수 없기 때문이다.

최근 일본에서는 e-문서법(재무와 세무 서류처럼 원본문서 보관의무가 있는 서류를 전자데이터로 보관하는 것을 인정하는 법률로 2004월 11월에 제정하여 2005년 4월 1일부터 전면 시행됨-옮긴이) 제정과 전자장부보존법(국세 관련 장부서류를 세무서장의 승인을 받으면 전자 데이터로 보관하는 것을 인정하는 법률을 말함. 1998년 7월부터 시행되었으며, 2005년 4월부터 시행된 e-문서법에 따라 전자장부보존법도 개정되어 전자보관 대상이 확대되었음-옮긴이)이 개정되어 견적서와 주문서, 청구서와 같은 대부분의 문서를 전자데이터로 보관할 수 있게 되었다.

우리 사무실에서도 더 이상 종이서류를 정리해서 보관하지 않는다. 스캐너로 스캐닝하여 PDF(Portable Document Format) 파일로 만들어서 보관한다. 이렇게 했더니 정보관리가 무척 편해졌다. 파일서버에 자료를 저장해놓고, 필요할 때마다 검색만 하면 쉽게 찾을 수 있다. '그 서류 어디에 뒀지?' 하면서 여기저기 서랍과 캐비닛을 찾아다니며 시간을 낭비하는 일이 없어졌다. 표지를 만들고 인덱스를 붙여서 서류를 분류하는 수고도 사라졌다. 또 종이서류가 사라지니 공간을 낭비하지 않아도 된다. 이제 무용지물이 된 캐비닛을 모두 폐기처분했더니 넓은 사무실을 임대할 필요가 없어졌다. 그래서 사무실 크기를 줄인 덕분에 임대료를 절약할 수 있었다.

종이서류를 버리지 못한 이유 중 하나는 나중에 다시 볼 필요가 생길지도 모른다는 불안 때문이었다. 지금은 스캐닝하여 PDF 파일로 보관하면 되므로 마음 놓고 종이서류를 폐기처분할 수 있다.

청구서나 계약서처럼 의무적으로 보관해야 하는 세무관련 문서도 스캐닝한 다음에, 세세하게 분류할 필요 없이 연도별로 정리해서 종이상자에 넣어두면 된다. 사실 이 문서는 세무 조사할 때 빼놓고는 거의 볼 일이 없다.

서류의 디지털화가 진행되면 자연스럽게 종이 사용량이 줄어들 것이라 예상했는데, 그렇지 않았다. 오히려 대다수 회사에서는 IT화가 진행될수록 복사용지 사용량이 증가하는 실정이다.

　2년쯤 전에 뉴욕에 있는 최첨단 오피스를 시찰한 적이 있다. IT화로 인해 모든 정보가 디지털화되기 때문에 사무실 어디에서도 서류를 수납하는 책장은 찾아볼 수 없었다. 하지만 직원들의 책상 위에는 인쇄물이 산처럼 쌓여 있었다. 결국 정보는 디지털로 변환하여 보관해도, 막상 정보가 필요할 때는 모두들 프린트해서 사용하고 있었다. 아직까지는 모니터 화면보다 종이가 보기도 편하고 다루기도 쉽기 때문일 것이다.

> **회계담당자의 과제❺ ➡ 종이문서를 서랍이나 캐비닛에 보관하지 않는다.**

ERP 시스템으로
업무를 배운다

판매관리, 구매관리, 생산관리와 같은 기본적인 사무를 IT화하는 문제를 한 번에 해결할 수 있는 방법이 있다. 바로 ERP(Enterprise Resource Planning, 기업의 경영자원을 유용하게 활용하여 경영 효율을 높이기 위해서, 기본적인 사무를 회사에서 통합적으로 관리하게 해주는 소프트웨어 패키지) 시스템이다.

ERP 시스템을 이용하기 전에는 각 기업이 자사 업무에 맞춰 독자적으로 시스템을 개발하였다.

그 후 IT화가 진행되면서 어느 회사에서나 수행하는 판매, 회수, 구매, 지급, 회계, 급여 관리와 같은 업무는 표준적인 패키지 시스템으로 처리할 수 있게 되었다.

많은 기업이 시스템 개발과 관리에 드는 비용을 대폭 절약할 수 있다는 데 주목하여 앞다퉈 자사 시스템 대신에 패키지 시스템을 사용하기 시작했다.

바꿔 말하면 ERP 시스템에는 전 세계 기업의 업무 시스템 노하우가 집약되어 있다는 뜻이다. 즉, ERP 시스템에는 선진 업무 프로세스(Best Practice)가 내장되어 있으그로, 여기에 담긴 효율적인 일처리 방식을 습득하는 것이 회사 전체의 업무 흐름을 이해하는 지름길이라 할 수 있다.

ERP 시스템의 업무 방식을 터득하기 위해서는 실제로 해당 시스템을 사용해보는 것이 가장 좋은 방법이다. 그러나 시스템 회사에 문의했다가 그 회사의 영업 공세에 시달리지 않을까 우려하는 사람이 많을 것이다.

그렇다면 일단 인터넷에서 'ERP 시스템'을 검색해보기 바란다. 시스템 용어에 대한 설명을 비롯해 제공되는 제품의 개요, 시스템 구성, 도입 사례 등 본인이 흥미를 느끼는 것부터 조사해보는 것이다.

ERP 시스템에서 회계, 판매, 생산, 인사 업무가 어떤 관계를 맺고 있는지 그림으로 이해하기 쉽게 설명되어 있다. 아울러 회계 이외에 다른 업무를 해본 적이 없는 사람이 다른 부서의 표준적인 업무 처리 방식을 익히는 데에도 큰 도움이 되리라 생각한다.

앞으로 업무 시스템 도입을 검토할 때 최소한의 IT 지식과 표준적

인 업무 지식은 반드시 필요하므로 빠른 시일 안에 터득해두기 바
란다.

회계는 돈이 관련된 모든 업무와 연관이 있으므로, 회계 지식뿐
만 아니라 사내 여러 가지 업무를 함께 파악하고 있어야 한다.

회계담당자의 과제❻ ➡ 가장 효율적인 업무 처리 방식을 터득한다.

업무 흐름도를
그려본다

회계업무의 IT화에 대해 어느 정도 이해가 되었다면, 실무 수준에서 구체적으로 생각해보도록 하자.

현재 상태를 파악하고 당신의 작업 상황을 분석한 뒤에, 그것을 회사의 전체 업무 안에서 살펴본다. 조금 더 넓은 시야로 자신의 일을 관찰하고, 사내에서 회계부서가 어떠한 위치에 있는지를 확인함으로써 자신과 회사에 유익한 업무 방식이 무엇인지 깨닫게 될 것이다.

이때 자신이 담당하는 회계업무에 대해서 알기 쉽게 업무 흐름을 그림으로 그려보는 것도 좋은 방법이다. 업무 흐름도를 통해서 평소에 의식하지 못했던 것을 알 수 있다. 고객 혹은 구입처와의 상호관

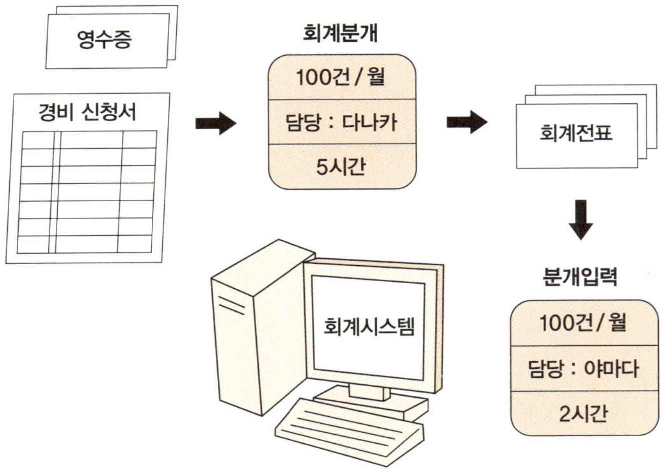

계성 그리고 회계라는 일의 중요성을 재인식할 수 있는 것이다.

업무 흐름도를 그리는 과정에서 얻을 수 있는 이점은 크게 두 가지로 정리할 수 있다.

첫째, 자신의 일을 그림으로 나타냄으로써 그동안 깨닫지 못했던 문제점을 발견할 수 있다. 둘째, 자신의 일을 그림으로 표현하면 다른 사람에게 업무에 대해 설명하기 쉽다. 당신이 새로운 업무를 수행하게 되면 현재의 업무를 다음 담당자에게 인수인계해야 한다. 그때 업무 흐름을 그린 그림을 보여주면 인수인계하기가 한결 수월하다.

과거에 만든 업무 흐름도가 있어도 최근 것이 아니라면 이 기회에 업무 흐름을 재검토해보기 바란다.

업무 흐름도를 작성할 때 주의해야 할 점이 두 가지 있다.

① 형식에 지나치게 구애될 필요 없다.
② 상세한 부분까지 기입할 필요 없다.

업무 흐름도는 굳이 전용 소프트웨어를 사용해서 작성하지 않아도 된다. 필요한 최소한의 사항만 파악하면 되므로 처음에는 손으로 그려 넣고, 나중에 부족한 부분은 부연설명을 달도록 한다. 업무 흐름도는 업무 재검토를 위한 준비 자료로 활용하려는 것이기 때문에 너무 완벽하게 만들기 위해 애쓰지 않아도 된다.

업무 흐름도에 기입할 사항은 앞에 있는 그림과 같이 입력할 자료와 정보, 출력할 전표류, 정보량, 담당자, 승인자, 작업 시간 등이다. 참고할 수 있게 가능하면 담당 기간도 함께 적도록 한다.

업무 흐름도를 작성하는 순서는 원래 회계부서의 모든 업무를 그린 뒤에 작업 단계에 따라 분류하지만, 여기서는 현재 업무 상태를 파악한 다음에 자신의 담당업무부터 작성하도록 한다. 하나의 업무를 A4용지 1장에 적고, 끝나면 책상에 일렬로 늘어놓는다.

그리고 다른 담당자의 업무도를 나란히 놓고 회계부서의 업무 흐름을 정리해본다.

분류 기준은 회사에 따라 업무 시기(월초, 상순, 중순, 하순, 월말 등)나 업무 내용(경비 정산, 지급, 월차결산 등)으로 나눌 수 있으며, 그중

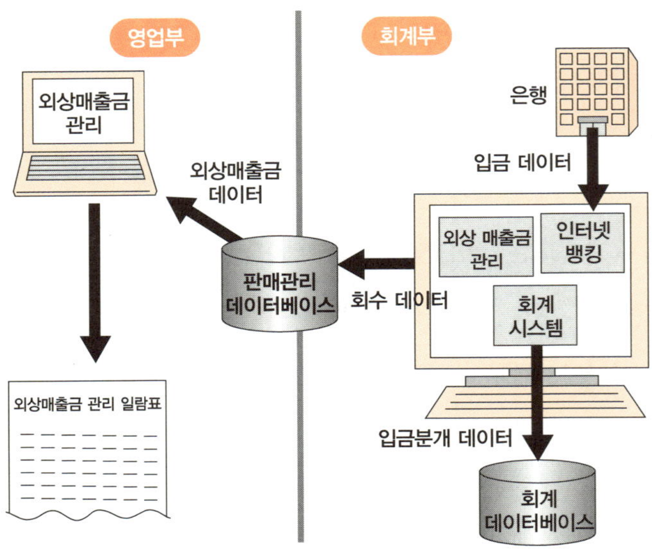

에서 이해하기 쉬운 형식을 선택해서 정리한다.

　마지막에 관련부서와 협력하는 부분을 추가해서 업무 흐름도를 완성한다. 두 부서 사이에 정보가 서로 연계된 부분은 대단히 중요하다. 역할 분담과 합계 시기 등이 애매해서 각 부서의 견해가 다른 경우가 종종 있는데, 그런 일이 발생하지 않도록 업무 흐름도를 함께 보면서 확인하기 바란다.

회계담당자의 과제❼ ➡ 자신의 업무를 그림으로 그려서 설명한다.

회사 업무에 적합한
시스템을 소개받는다

업무의 흐름이 정리되었다면, 구체적으로 IT화에 대해 검토해본다.

회사 안에 IT부서가 있다면 업무 흐름도를 보여주며 상담을 하고, IT관련 부서가 없는 회사는 시스템 판매회사에 의뢰한다. 대략적인 순서는 다음과 같다.

① 준비

각 부서의 작업 내용, 사용 전표, 업무량과 처리 건수, 처리 절차와 방법, 담당자 수, 업무 수행 시기(월말 월초, 시간대), 작업 시간 등을 조사하여 업무 단위에 따라 업무 흐름도로 정리한다. 이때 표준적인 업무 처리와 예외적인 업무 처리의 발생 비율을 조사해야 한다. 하드웨어와 소프트웨어 구성과 이용 형태도 정리해두도록 하자.

다음은 현재 상태에서 업무의 문제점을 찾아내어 구체적인 목표를 설정하고 개선 요망 항목을 정리한다.

② 시스템 제안 의뢰

개선하고자 하는 사항이 정해지면, 예산과 회사 시스템 규모에 맞춰 여러 시스템 판매회사 중에서 후보를 서너 군데 선정한다. 시스템 회사가 서로 경쟁하는 과정에서 IT 동향을 이해할 수 있으며 적정 가격을 이끌어낼 수 있다. 각 시스템 회사에 자사의 업무 내용과 개선 요망 사항, 예산 등을 알려주고 자사에 가장 알맞은 시스템을 제안 받도록 한다.

③ 시스템 선정

시스템을 평가하고 선정할 때 비용 대비 효과에만 관심을 기울이는 경향이 있다. 그런데 조작 방법과 지원 체제, 시스템에 대한 신뢰성도 중요한 평가 항목임을 잊지 말아야 한다.

한편, 만족할 만한 결과를 얻지 못한 경우에는 도입 시기를 연기하는 편이 나을 수도 있다. IT 기술은 하루가 다르게 진보하고 있기 때문에 얼마 안 있어 자사에 맞는 저렴하고 훌륭한 시스템이 나올 수도 있다.

④ 시스템 도입

선정한 시스템에 대해서 도입 범위, 규모, 이행 기간, 이행 단계 등을 상세하게 다시 검토한 뒤에 시스템을 도입한다.

요즈음은 시스템을 도입할 때 정형화된 업무는 따로 설정을 바꾸지 않고 패키지를 이용하는 추세이다. 그러는 편이 비용도 저렴하고 도입 기간도 짧기 때문이다.

시스템을 도입하기 전에, 반드시 시스템을 도입한 뒤에 달라질 각 부서의 체제와 역할을 결정해야 한다. 지금까지 해오던 대로 체제를 유지한다면 모처럼 IT화한 의미가 없다.

> **회계담당자의 과제❽ ➡ 전문가의 노하우를 이용해서 개선한다.**

새로운 회계 방식을 계속 제안한다

새로운 회계 시스템에 대한 윤곽이 잡히면 경영자에게 제안을 한다.

현재의 회계 상태와 앞으로 바뀔 회계 방식을 업무 흐름도를 이용해서 설명한다. 새로운 회계 방식을 채택할 때 회사 전체의 생산성이 얼마나 향상되는지 프레젠테이션하는 것이다.

프레젠테이션의 핵심은 다음 세 가지이다.

① IT화했을 때 발생하는 비용 절감과 시간 단축 효과

② 회사 형식에 맞춰 데이터베이스를 공유할 수 있다는 이점

③ IT화한 뒤에 새로운 체제와 역할 분담으로 직원의 수준 향상

비즈니스 환경이 크게 변화하는 지금이야말로 제안하기에 더없이 좋은 시기이다. 유난히 경영환경이 치열한 시기인 만큼, 기업 경영자는 생산성 향상에 대해 고민이 깊을 것이다.

단, 제안이 꼭 받아들여진다는 보장은 없다. 회사가 안고 있는 문제는 산적해 있는데, 그중에서 회계의 순위가 그다지 높지 않을 수도 있다.

그러나 제안이 받아들여지지 않는다 해도 포기하지 말고 계속 회사에 새로운 제안을 하는 것이 중요하다. 회계담당자로서 회사에 기여하기 위해 노력하고 있음을 보여줄 수 있기 때문이다.

이때 유의할 점은 업무 개선의 범위가 회계부서에 국한되어서는 안 된다는 것이다.

회계 시스템만이 아니라, 회계 시스템과 연동하는 판매관리 시스템이나 구매재고 시스템, 생산관리 시스템, 급여 계산과 경비 정산 시스템이 함께 바뀌지 않으면 업무 효율성 향상과 개선은 이루어지기 어렵다. 그러므로 회사 전체의 성과 향상을 위해서 각 부서와 회계부서 사이에 원원 관계가 형성될 수 있도록 노력해야 한다.

회사 업무 시스템을 도입할 경우, 중심이 되는 것은 업무 부문(영업, 구매, 제조)과 회계 부문이다. 수주와 발주 같은 경영은 업무 부문을 수행하는 부서가 담당하지만, 회계는 모든 거래와 얽혀 있으므로 최종적인 조정은 회계부서에서 처리한다.

어쨌든 회계부서는 회사 안의 모든 정보의 흐름을 파악하고 있어야 하므로 이때 업무 흐름도가 큰 도움이 된다.

지금까지 회계담당자는 회계부서에서 사용하기 편리한 회계 시스템을 선정하고 도입했다. 하지만 앞으로는 회사 전체의 업무 효율을 고려하여 회사 전체 업무 시스템을 검토해야 하는 시대이다. 회계 시스템이 중요하다는 사실에는 변함이 없지만, 회사 업무 시스템의 일부에 지나지 않는다는 사실을 잊어서는 안 된다.

회계담당자의 과제❾ ➡ 새로운 회계 방식을 포기하지 말고 꾸준히 제안한다.

회계사무소 유용하게 활용하는 법(개선력 편)

회계담당자는 다른 회사 회계 시스템이나 업무 시스템을 접할 기회가 거의 없다. 그러다 보니 지금 자사에서 사용하는 시스템밖에 모르는 경우가 많다.

그러므로 개선력을 향상시키기 위해 회계사무소를 적극적으로 활용하기 바란다. 회계사무소는 매달 업무상 여러 기업을 방문하기 때문에 다양한 업무 시스템을 접할 기회가 많다.

또한 회계사무소는 다양한 IT 판매회사와 컨설팅 회사로부터 최신 정보를 제공받고 있기 때문에 다음 사항에 대해 상담하면 도움을 받을 수 있다.

① 업무 개선에 대해 조언을 구한다

고문 회계사무소는 매달 회계 처리가 마무리된 결과를 검토하는 것이 주요 업무이므로, 회계담당자의 작업 과정에 대해서는 관심을 기울이지 않는다.

한번 시간을 내서 실제 회계업무의 흐름을 회계사무소에 설명하고 시간이 많이 소요되는 작업이나 문제가 있는 업무에 대해서 상담을 해보자. 분명히 효율적인 업무 처리 방법과 문제 해결에 도움이 되는 적절한 조언을 얻을 수 있을 것이다.

② 최신 IT정보를 부탁한다

회계사무소는 재무회계 시스템을 중심으로 여러 가지 업무 시스템과 IT 프로그램에 대한 활용 정보를 갖고 있다.

그러나 회계사무소는 기업 측에서 요구하지 않는 이상 해당 기업에 어떤 정보가 필요한지 알지 못한다. 회계사무소 직원이 회사에 방문하면 최근 회계 시스템의 동향이나, 업무 시스템과 데이터의 상호 연동 방법 등을 질문하여 업무 개선에 관심이 있음을 표현하도록 한다.

새로운 시스템에 대한 팸플릿이나 전시회 정보를 입수하면 보내달라고 부탁하는 것도 좋은 방법이다.

그리고 회계사무소는 여러 IT 판매회사와 연결되어 있으므로 관심이 있는 시스템의 데모 프로그램을 의뢰하거나 시스템 도입 실적 등을 조사해달라고 부탁할 수도 있다. 중간에 회계사무소를 통하면 시스템 회사의 영업 공세를 피할 수 있는 이점이 있다.

분석력

경영 상태를 정확하게 파악한다

숫자는 신비하지도 않으며 신성하지도 않다. 그 이면에 있는 현실을 알려줄 단서로서 중요할 뿐이다. 숫자를 효과적으로 이용하려면 현실을 알려는 노력을, 추상적인 숫자에서 구체적인 현상을 배우려는 노력을 게을리 해서는 안 된다. 수익성이 높음에도 불구하고 결산서 숫자 이면에 있는 현실을 간과한 탓에 참으로 많은 회사가 도산했다.

─잭 스택

앞으로 회계담당자는 분석력으로 평가받는다

개선력 다음으로 회계담당자에게 요구되는 능력은 '분석력' 이다.

회계처리가 IT화되면 거래 정보는 자동으로 집계되므로 회계담당자의 업무는 집계 결과를 보는 것에서부터 시작된다.

지금까지는 정보를 집계하는 계산 능력이 중요했다. 하지만 이제는 회계 기술을 기업 활동 결과를 분석하는 데 활용해야 하므로, 집계 결과를 '어떻게 보는가' 그리고 '어떻게 판단하는가' 에 대한 능력을 중요시한다.

'분석' 이라는 단어를 사전에서 찾아보면 '혼합된 것을 성분과 요소로 분류해서 조사하는 것' 이라고 나와 있다. 다시 말해 회계담당자가 해야 할 분석은 기업의 활동 결과를 여러 방면으로 나눠서 그

여러 측면에서 분석한다

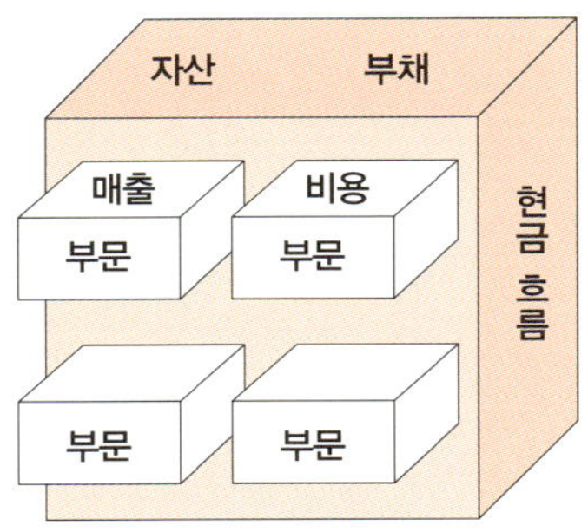

본질과 구조를 알아내고 이해하는 것이다.

'기업 활동은 예측한 대로 성과를 거두고 있는가?' '성과를 거두지 못하는 활동은 무엇인가?' '그 원인은 무엇인가?'를 알아내기 위해서는 데이터를 수량적으로 분석해야 한다.

이것이 바로 PDCA 사이클에서 'Check(평가)'의 역할이다.

분석할 때 회계 지식도 물론 필요하지만, 그것만으로는 충분하지 않다. 경영자의 생각과 현장에서 어떤 활동을 하는지 모르면 숫자의 의미를 제대로 이해할 수 없기 때문이다.

회계담당자가 경영자의 생각과 현장 활동을 철저히 파악하고 정보를 분석할 때, 비로소 계수 관리가 가능하다고 말할 수 있다.

그렇기 때문에 경영 상태를 정확히 판단할 줄 하는 회계담당자는 어느 회사에서나 중요한 위치에 오를 수 있다.

제3장에서는 회계담당자가 갖추어야 할 '분석력'을 일별, 월별,

분기별, 결산으로 각각 나눠서 살펴보겠다. 기업 활동의 각 단계에서 어떤 관점으로 무엇을 분석해야 하는지 터득하기 바란다.

> **회계담당자의 과제❶ ➡ 경영자의 생각과 현장의 움직임을 수치로 계산한다.**

회계 기술을 사용해
회사의 건강 상태를 점검한다

회계담당자가 교과서에 나온 그대로 경영 분석을 따라한다면 실패할 확률이 매우 높다.

경영 분석이나 재무 분석 관련 책은 시중에 많이 나와 있으며, 컴퓨터로 멋지게 그래프를 만들고 상세한 계산 데이터를 만들 수 있는 소프트웨어 역시 꽤 많이 판매되고 있다. 이미 그것을 이용하는 회계부서도 적지 않다.

이런 경영 분석을 하기 시작하면 평소의 단순한 작업이 아닌, 무언가 전문적인 일을 하는 듯한 자기만족감에 빠져 헤어나기 어렵다. 그리고 아무리 훌륭하게 경영 분석을 한다 해도 회사의 재무 상태는 무엇 하나 개선되지 않는다.

회계담당자가 실시하는 분석은 어디까지나 기업 활동의 경향을 파악하고 업무 실적과 재무 상태를 검증하기 위한 것으로 다음 활동으로 나아가기 위한 사전작업에 지나지 않는다.

그렇기 때문에 이번 장의 주제인 '분석력'은 매달 작성하는 재무제표를 보고 신속하게 정보를 파악해서 회사의 건강 상태를 판단하는 기술을 의미한다.

그러기 위해서는 어떤 정보를 어떻게 보고, 무엇을 기준 삼아 어떻게 판단해야 하는지 순서를 정해둘 필요가 있다.

회계담당자는 매달 회사의 건강 상태를 살펴야 한다.

이때 전문적인 지식은 그다지 필요하지 않다. 평범하게 생활하는 사람이 매달 정밀검사를 받을 필요가 없는 것과 마찬가지로, 일반 기업이 매달 세세한 부분까지 경영 분석을 하는 것은 시간과 비용

회계담당자는 회사의 체중계와 체온계이다.

낭비에 지나지 않는다.

매달 체중을 재어보고 체중이 2킬로그램 늘면 스스로 식사량을 조절하듯이, 회계담당자는 회사의 체중계와 체온계, 혈압계, 만보기 역할을 수행해야 한다.

정기적으로 회사 상태를 측정한 결과는 대차대조표이고, 운동 능력을 측정한 결과는 손익계산서다. 그리고 현금흐름 계산서는 혈액검사 결과라고 할 수 있다. 이 측정 결과를 회사 전체가 공유함으로써 각 부서가 제 기능을 잘 하고 있는지 판단할 수 있다.

회계담당자의 과제❷ ➡ 회사의 체중계와 체온계가 되어 '건강 상태'를 점검한다.

분석력의 기본은 관찰이다

분석력이 있고 없고는 그 사람의 관찰력 여하에 달려 있다.

관찰력이란 변화를 깨닫는 능력을 말한다. 다시 말해 분석력을 기른다는 것은 변화를 감지하는 안목을 기르는 것이다.

관찰력을 간단히 터득할 수 있는 방법이 있는데, '정보를 기록하고 그래프로 표시' 하는 방법이다. 초등학고 과학시간에 교정에 있는 백엽상을 관찰하고 온도를 기록하면서 날씨와 시간에 따라 나타나는 변화를 인식하던 기억을 떠올려보기 바란다.

그와 마찬가지로 회계담당자가 분석력을 기르려면 꾸준히 그날그날 기록한 정보를 그래프로 작성하는 습관을 들이는 것이 좋다.

연구와 제품개발의 성공 사례를 보면, 연구 결과를 그래프로 표

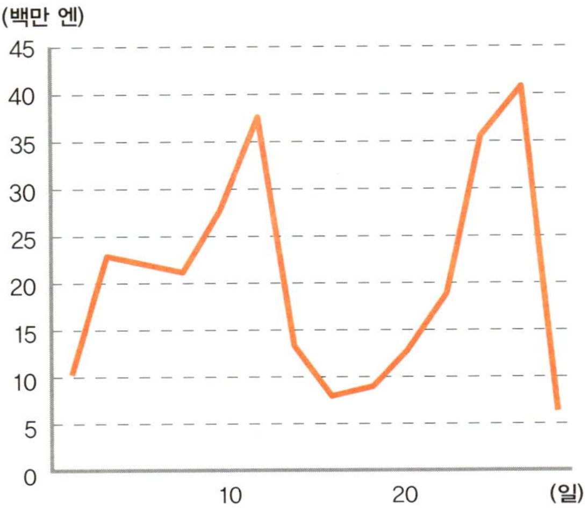

시하고, 그래프에 나타나는 변화를 인식하는 과정에서부터 모든 것이 시작되는 것을 알 수 있다. 무슨 일이든 기본을 무시해서는 안된다.

우선은 날마다 현예금의 움직임을 그래프로 작성한다. 회계 시스템에서 매일 현금과 예금(당좌예금과 보통예금)의 잔액 합계를 뽑아서 그림과 같이 '현예금 일별 잔액 추이 그래프'를 만든다. 엑셀과 같은 표 계산 프로그램을 이용하면 회계 시스템에서 뽑은 현예금 일별 잔액 데이터를 손쉽게 그래프로 작성할 수 있다.

이때 주의할 점은 그래프 작성에 너무 시간을 들여서는 안 된다는 것이다. 그래프 작성의 목적은 정보의 움직임을 파악하는 것이지,

누구에게 보여주기 위한 것이 아니그로 그래프를 만들기 위해 너무 정성을 쏟을 필요는 없다. 정보를 신속하게 그래프로 표시해서 변화를 관찰하는 것이 중요하다.

'현예금 일별 잔액 추이 그래프'를 보고 개달 언제 금액이 증가하고, 언제 바닥으로 떨어지는지 이미지로 파악해두기 바란다. 수개월 동안 꾸준히 비교하다 보면 예금 잔액이 증가하는 추세인지 아니면 감소하는 추세인지 알 수 있다. 또한 변동이 있을 경우 그것이 예정된 결과인지 아닌지도 판단할 수 있다.

회계담당자의 과제❸ ➡ 변화를 인식할 수 있는 관찰력을 기른다.

잔액 + 증감으로
결과의 원인을 검증한다

과학 실험에서도 그렇지만, 회계담당자 역시 먼저 가설을 세우고 결과를 검증하는 습관을 들이는 것이 좋다. 업무 실적 예측에 따라 세운 자금 융통이 그대로 진행되는지 혹은 가정에서 벗어난 결과가 나온 경우에는 자금이 부족(또는 증가)한 원인이 무엇인지 밝혀내야 한다.

자금 부족의 원인을 찾기 위해서는 그날그날의 수입과 지출 상황을 확인해야 한다. 회계 시스템의 일계표에서 현예금의 일별 수입(차변) 합계액과 지출(대변) 합계액에 대한 자료를 추출하여 막대그래프로 나타낸 다음, 앞에서 작성한 '현예금 일별 잔액 추이 그래프' 위에 겹쳐서 그림과 같이 복합그래프를 만든다(수입과 지출을 표시한 막대그래프를 마우스로 드래그해서 붙여 넣는다).

이렇게 하면 수입(플러스)은 봉우리로, 지출(마이너스)은 하락하는 골짜기로 표시되므로 각 시기를 한눈에 파악할 수 있다.

자금 흐름이 봉우리와 골짜기 모양으로 표시되는 그래프 이미지를 머릿속에 넣어두면, 이번 달 업무 실적(매출, 구매, 경비)을 파악하는 단계에서 다음 달 이후의 자금 봉우리와 골짜기를 예측할 수 있다.

이때 회사 안에서 자금 이동(현예금 출납과 예금계좌 사이의 자금 이동 등)이 많은 경우에는 그 부분을 상쇄한 다음에 그래프를 작성한

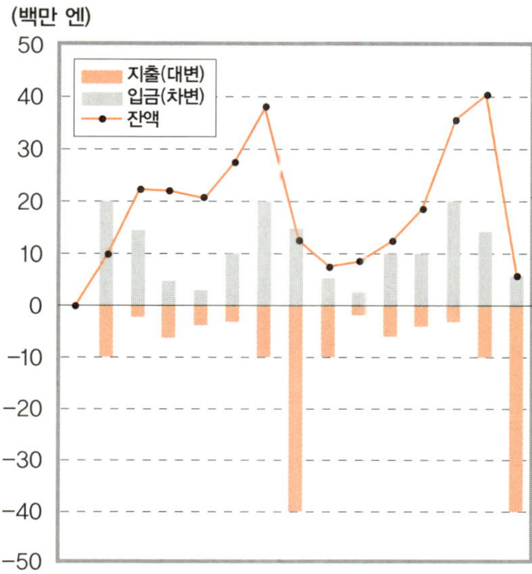

현예금 수입과 지출 추이 그래프

다. 그렇지 않으면 쓸데없이 수입과 지출의 총금액이 크게 표시되므로 주의해야 한다.

기본적으로 회계담당자가 일별 단위로 확인해야 할 사항은 자금 상태뿐이다. 회사는 자금이 바닥나지 않는 이상 경영을 유지할 수 있으므로, 회계담당자는 자금의 움직임에서 절대로 눈을 떼서는 안 된다.

자금 관리에서 무엇보다 중요한 것은 자금이 부족할 때, 즉 자금이 위험 수준으로 떨어졌을 때를 대비해서 대응책을 미리 준비해놓아야 한다는 것이다. 대응책은 한 가지만 준비해서는 안 되며, 단계별로 대책을 세워야 한다.

가령 예금의 위험 수준이 5,000만 엔인 회사라면, 1단계로 정기예금을 해약하고, 다음은 유가증권 매각, 3단계는 융자 신청과 같이 우선순위를 정해서 미리 대책을 세워야 한다.

돈은 줄어들기 시작하면 순식간에 바닥이 드러나게 되어 있다. 돈이 사라진 뒤에 대응책을 강구해 봤자 소 잃고 외양간 고치기와 다를 바 없다.

자금 부족은 기업의 존속에 관계된 중대사이다. 혼란 상태에서 허둥지둥 대응하면 실수를 유발할 수도 있고 나아가 사태를 더욱 악화시킬 수도 있다.

그러지 않기 위해서는 미리 회사에서 위험 수준의 기준을 정한 다음, 경영자와 회계담당자가 머리를 맞대고 위험 수준에 맞춰 대응책을 강구해야 한다. 이런 사전준비가 마련되어 있으면 회사에 긴급 사태가 발생해도 당초 방침대로 신속한 대응이 가능하다.

위험 수준의 기준은 적절한 재검토가 필요하다

최소한으로 필요한 예금 양이 항상 일정한 것은 아니다. 매출 규모에 따라 필요한 자금의 양이 달라지기 때문에, 예금 양의 위험 수준은 회사 거래량의 증감에 따라서 수정해야 하며 동시에 대응책 역시 재검토해야 한다.

주위에서 보면 본인의 경제 사정은 고려하지 않은 채 신용카드로 지나치게 쇼핑하다가 결국 파산하는 사람이 있다. 이런 사람들 대부분이 자신의 매달 수입과 지출 금액을 정확히 모르고 과소비하다가 뒤늦게 상황을 깨닫는다.

회사에서도 마찬가지다. 구매담당자나 일반사원들은 현재 회사에 자금이 얼마나 있는지에 관심을 두지 않는다. 그렇기 때문에 회사의 돈지갑을 쥐고 있는 회계부서가 들어오는 돈과 나가는 돈을 빠짐없이 확인하여 수입과 지출을 통제하지 않으면 큰 문제에 봉착하게 된다.

회사의 자금을 관리하는 것은 회계부서의 중요한 역할이다.

회사의 자금 움직임에 대한 파악이 끝났으면, 지점과 사업부서, 점포 단위로 동일하게 그래프를 작성해본다. 지점이나 사업부서, 점포 단위로 손익관리를 하는 회사는 있어도 자금 움직임까지 파악하는 회사는 많지 않다.

기업경영의 근간은 자금이다. 그날그날 회사 돈의 움직임을 파악하고, 그다음에는 지점, 사업부서, 점포 단위로 분류하여 돈의 움직임을 관찰하면 회사의 건강 상태를 금방 알 수 있다.

시산표를 작성하지 말고 이용한다
STEP2 월별 · MONTHLY

회계담당자의 업무는 월차시산표 작성이 끝난 뒤부터 시작된다.

그러나 실제로는 월차시산표를 만드는 작업까지도 회계담당자의 일이라고 오해하는 사람이 많다. 시산표는 영어 Trial Balance를 번역한 회계용어로, 원래는 분개한 차변과 대변의 합계가 일치하는지 확인하기 위해서 만들어졌다. 지금은 컴퓨터가 집계를 하기 때문에 대변이 일치하지 않아 오차가 생기는 일은 생기지 않으므로, 굳이 시산표를 만들 필요가 없다.

과거에는 매월 시산표를 만들고, 거래를 분개장에서 원장으로 옮겨 적은 전기(轉記)와 집계가 같은지 확인하는 일이 회계담당자의 업무였다. 그러나 현재는 회계 시스템의 산출물(월차결산서)을 이용하여 기업 활동의 결과를 검증하는 것으로 바뀌었다.

회사에 기여하는 회계담당 직원은 자신의 강점인 회계 기술을 시산표 작성하는 데 활용하는 사람이 아니라, 산출물을 분석하는 데 사용하는 사람이다.

기업 활동의 결과를 평가할 때 없어서는 안 되는 기술이 바로 회계이다. 회계담당자는 복식부기를 이용하여 하나의 거래를 이면적(二面的) 또는 삼면적(三面的)으로 파악할 수 있으므로 기업 활동의 성과를 여러 측면에서 살펴볼 수 있다.

월차결산서가 마무리되면 경영자의 관점에서 회사 상태를 보도록 한다. 경영자가 회사 경영에서 중요하게 생각하는 것은 다음 세 가지이다.

① 이익을 남겼는가?

세 가지 관점에서 분석한다

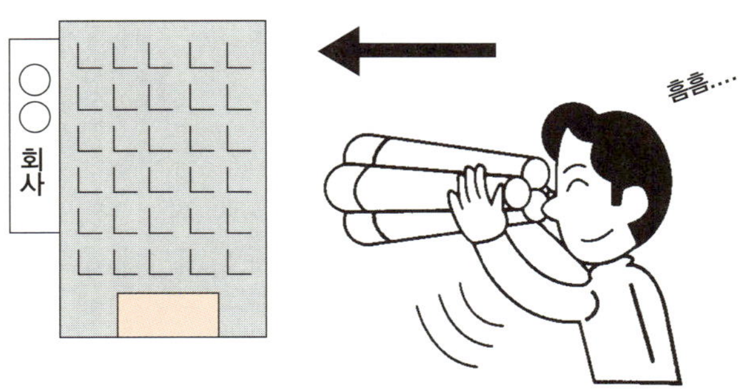

② 자금은 충분한가?

③ 문제는 없는가?

이 세 가지 관점에서 월차결산서를 분석하면, 월차결산서에 적힌 숫자 안에서 기업 활동의 성과가 보일 것이다.

경영자와 현장직원들에게 기업 활동의 성과를 바로 피드백해줘야 하기 때문에 월차결산은 신속함이 생명이다. 그러므로 분석 시간을 단축하기 위해 월차결산서에서 중요 부분을 간추려서 검토해야 한다.

월차결산서에서 어느 부분이 핵심인지 모른다면, 결산서는 잔액과 합계를 정리한 단순한 집계표에 지나지 않는다. 문제의식이 명확해야만 결산서에 적힌 숫자가 의미하는 바를 알 수 있다.

> **회계담당자의 과제❺ ➡ 경영자 입장에서 월차결산서를 분석한다.**

손익계산서에서 이익구조를 보는 세 가지 포인트

회사의 재무 상태를 분석할 때는 먼저 손익계산서에서 이익구조를 확인해야 한다. 사업 활동의 성과는 이익이라는 수치로 표현되기 때문이다.

손익계산서에는 수익과 비용에 속하는 여러 계정과목이 있지만, 회계담당자는 처음부터 세분화된 계정과목의 내용을 모두 살펴보려 하지 말고 전체를 파악하는 것이 중요하다. 회사 전체의 이익 균형이 깨지지는 않았는지 확인하고 문제가 있으면 조사해서 그 원인을 밝혀내도록 한다.

회계담당자는 기업 활동의 성과를 분석해서 회사의 활동 능력과 건강 상태가 정상인지 조사한 뒤에, 그 결과를 경영자와 현장직원들에게 알려줘야 한다.

'비율'과 '금액'을 기억해둔다

이익을 검토할 때는 항상 '비율'과 '금액'을 잊지 말아야 한다.

손익계산서에는 '이익'을 나타내는 항목으로 '매출총이익', '영업이익', '영업외이익', '경상이익', '특별이익', '세전 당기이익', '당기순이익' 등이 있다. 이것을 모두 세밀하게 분석하고 다른 계정과목과의 관계까지 분석하려면 아마도 며칠은 걸릴 것이다.

그래서 매달 기업 활동의 성과를 평가할 때는 중요 항목을 다음 4가지로 좁혀서 분석한다.

① 매출액

② 매출총이익

③ 인건비

④ 경상이익

매월 이 4가지 '금액'을 통해서 다음 '비율'을 신속하게 검증한다. '비율'은 다음 페이지 그림과 같이 세 가지를 살펴봐야 한다.

① 매출총이익률(매출총이익÷매출액)

② 노동분배율(인건비÷매출총이익)

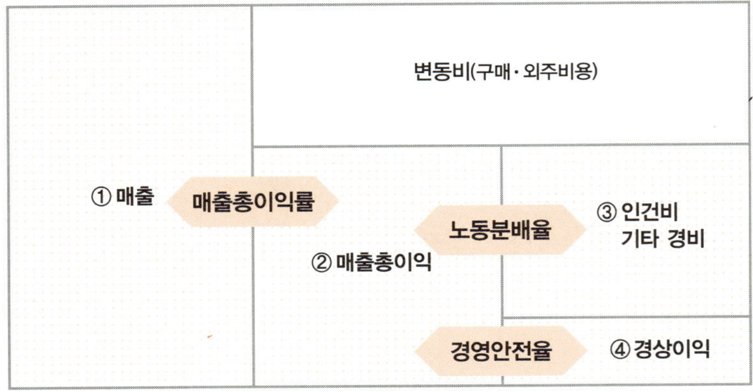

이익구조를 보는 세 가지 포인트

③ 경영안전율(경상이익÷매출총이익)

기업 활동의 성과를 판단할 때 가장 중요한 것은 '매출총이익' 이다. 기업은 구매한 상품에 부가가치를 더해 고객에게 판매함으로써 매출총이익을 얻는다. 매출총이익으로 기업 존속에 필요한 경비를 지급하고 회사를 경영하기 때문에, 회계담당자는 회사 운영에 필요한 월 매출총이익의 '금액' 을 정확히 파악하고 있어야 한다.

이처럼 '매출액' 에서 차지하는 '매출총이익' 의 비율인 '매출총이익률' 은 회사 이익구조의 바탕이 된다.

매출총이익률은 업종과 업태에 따라 다르다. 또한 상품과 서비스, 판매 형태와 거래처에 따라서도 다르므로 회계담당자는 자사의 '매출총이익률' 을 항상 인식하고 있어야 한다.

인재의 능력이 회사 수익에 반영된다

다음에 검증할 사항은 '인건비' 이다.

20개에서 30개에 달하는 경비 항목 중에서도 인건비는 매달 꼭 확인해야 한다. 회사 수익의 원천이 바로 인재이기 때문이다. 대체로 어느 회사에서나 인건비는 경비의 반 이상을 차지하므로 가장 부담이 큰 부분이라 할 수 있다. 인건비에는 '급여', '상여' 외에 '법정복리비'(사회보험료)와 '복리후생비'(주택수당, 통근수당 등)가 포함된다.

최근 대부분의 기업은 설비투자를 필요로 하는 제조 부문보다 아이디어나 디자인, 마케팅, 서비스 등으로 부가가치를 높여 수익을 올리고 있다. 즉, 기계나 설비의 성능보다 인재의 생산성에 따라 기업의 수익이 결정된다고 해도 과언이 아니다.

그런 이유로 회사의 생산성을 측정할 때 '노동분배율'(인건비÷매출총이익)을 사용한다. 회사 수익의 바탕인 '매출총이익' 을 얼마나 인재에 배분하고 있는지 알아보기 위해서다.

원래 노동분배율을 구하는 계산식에서 분모는 '매출총이익' 이 아니라 '부가가치' 이다. '부가가치' 의 정의는 다양해서 이익에 인건비와 임대료, 이자 등을 더해서 계산하지만, 여기서는 통계자료를 만드는 것이 목적이 아니라 사원의 생산성을 간단하고 신속하게 파악하는 것이 목적이므로 '매출총이익' 만 사용한다.

'노동분배율' 도 업종이나 업태에 따라 다르므로 단정적으로 말하기 어렵지만, 계산한 값이 50퍼센트를 넘으면 인건비 배분 비율이 지나치게 높은 편이라고 할 수 있다.

수익의 반 이상을 인건비로 지급하고, 남은 이익에서 그 밖의 다른 경비를 지급하고 나면 수익을 남기기 힘들다. 더욱이 회사의 매출이 감소(매출총이익이 감소)하는 경우, 바로 인건비를 끊을 수 없기 때문에 환경 변화에 대응하기 어려워진다.

노동분배율을 확인한 다음에는 사원 1인당 매출총이익액(매출총이익÷사원 수)과 사원 1인당 경상이익(경상이익÷사원 수)을 계산해본다(파견사원, 파트타임 사원은 근무시간이나 급여에 비례 배분하여 0.5명으로 계산한다).

사원 한 사람 한 사람의 수고가 회사의 수익을 결정하는 만큼 사원 한 명이 평균적으로 어느 정도의 수익을 올리고 있는지 알아두기 위해서다.

현재 대기업과 중소기업 사원의 생산성을 비교해보면, 대기업은 사원 1인당 연간 2,000만 엔 이상의 매출총이익을 올리고 있는 반면, 중소기업은 사원 1인당 연간 매출총이익이 800만 엔을 밑돌고 있다.

사원의 생산성이 낮은 회사를 살펴보면 대체로 수익을 기대하기 어려운 간접 부문에 많은 사원이 배치되어 있는 경우가 많다. 회계나 총무와 같은 간접 부문의 사원이 많아질수록 회사의 생산성은 떨어지며, 점차 수익을 내지 못하는 기업으로 바뀌게 된다. 결국에는 이익이 발생하지 않는 간접 부문의 인건비를 충당하기 위해, 그 비용을 상품가격에 전가하지 않으면 회사를 운영할 수 없는 지경에 이르게 된다. 회사가 그런 상황에 처하지 않도록 회계부서는 적극적으로 업무 효율을 개선하여 자체적으로 비용 절감을 위해 노력해야 한다.

경영의 안전도를 확인한다

이익구조 확인의 마지막은 수익의 여유 정드를 알아보는 것이다.

수익의 여유 정도는 경영안전율(또는 안전여유율)로 검증한다. 앞에서 본 그림에 나와 있는 것처럼 매출총이익에서 경상이익이 점유하고 있는 비율(경상이익÷매출총이익)이 경영안전율이다.

경영안전율은 기업의 현재 매출액이 어느 정도 감소했을 때 적자가 되는지 알려준다. 예를 들어 경영안전율이 10퍼센트인 회사는 매출이 10퍼센트 감소하면 경상이익은 0이 된다.

경영안전율은 전자계산기로 간단히 계산할 수 있으므로, 회계담당자는 회사가 현재 어느 정도의 여유를 가지고 있는지 늘 인식하고 있어야 한다.

> **회계담당자의 과제❻ ➡ '비율'과 '금액'으로 이익을 검증한다.**

대차대조표로
이익을 관리한다

일반적으로 기업의 영업주기는 한 달이 넘기 때문에, 매달 손익계산서로 이익을 살펴보는 것만으로는 재무를 관리한다고 할 수 없다.

영업주기란, 비용을 지불하고 구매한 상품을 판매한 뒤에 그 대금을 회수하기까지의 주기를 말한다. 큰 제품을 만드는 제조업이나 건설업의 경우에는 대금을 회수하기까지 상당한 시간이 걸리기도 한다.

월차 손익계산서에는 그 달에 성립된 거래만 계상되기 때문에 완료되지 못한 거래는 반영되어 있지 않다. 그래서 재고를 비롯해 상품을 팔았지만 대금을 회수하지 못한 외상매출금, 물건을 매입하고 그 대금을 지급하지 않은 외상매입금은 진행 중인 거래이므로 손익계산서에서는 확인할 수 없고 대차대조표를 봐야 알 수 있다.

경영자와 현장직원은 대체로 진행 중인 거래보다 매출과 이익이라는 결과에 관심을 집중하는 편이다. 그러나 경영에 이상이 생기면 반드시 영업주기에도 문제가 발생하기 마련이므로, 회계담당자는 진행 중인 거래를 정확히 파악하고 있어야 한다.

회계담당자가 매달 대차대조표에서 꼭 살펴야 할 부분이 바로 이런 것이다.

계정과목 중에서 재고, 외상매출금, 외상매입금은 기업이 영업하기 위해 필요한 자금인 운전자금과 관련이 있다. 즉, 운전자금은 사업밑천이므로 운전자금의 균형 상태를 매달 확인하는 것은 돈을 관리하는 회계담당자에게 매우 중요한 일이다.

운전자금의 균형 확인하기

운전자금의 균형 상태를 파악하기 위해 대차대조표에서 외상매출금·수취어음(매출채권), 재고자산(재고), 외상매입금·지급어음(매입채무)을 확인하고, 다음 페이지의 그림과 같이 추출한 금액을 그래프로 표시한다. 그러면 상태를 한눈에 알 수 있다.

왼쪽(자산)의 매출채권과 재고는 영업주기의 마지막 단계로 돈이 회수되지 않은 상태다. 또 오른쪽의 매입채무는 거래처에서 결제를 기다리고 있는 상태다. 왼쪽 부분에서 오른쪽의 매입채무를 뺀 것이 일반적으로 사업 운영을 위해 준비해야 하는 운전자금이다.

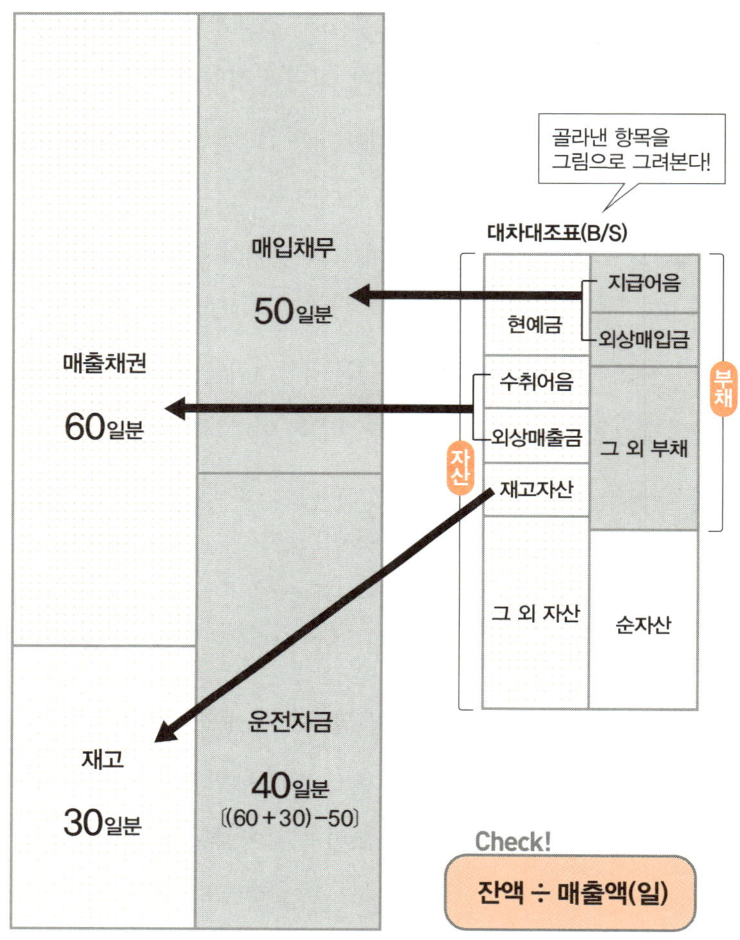

대차대조표는 손익계산서와 달리 매월 변동이 크지 않다. 그러므로 회계담당자는 운전자금의 균형만 매달 확인하면 된다.

다음에는 이 계정과목에 대한 금액의 타당성을 검증하도록 한다.

대금의 회수 기한과 지급 기한, 재고 보유액은 회사 규칙으로 정해져 있다. 이 규칙을 바탕으로 거래가 이루어지고 있는지 확인한다.

예를 들어, 월말 마감을 하고 청구서를 거래처에 발행하여 다음 달 말일까지 대금이 회수되는 경우, 외상매출금 잔액으로 매달 매출 금액 2개월분이 남아 있는 셈이다. 외상매출금과 수취어음의 합계 금액(매출채권)을 1일당 매출액 평균으로 나눠서 결과가 60일 정도면 보통 영업주기대로 거래가 이루어지고 있다는 의미이다. 그러나 이 값이 보통 대금회수 기간보다 길 때는 자금 회수에 누락이 발생할 위험이 있다.

마찬가지로 재고와 외상매출금 지급어음(매입채무)에 대해서도 잔액을 1일당 매출액으로 나눠서 적정 재고 물량과 지급 조건에 문제가 없는지 조사해보기 바란다. 단, 재고와 매입채무의 경우에는 매입원가를 토대로 금액의 타당성을 검증하도록 한다.

여기서 회계담당자가 해야 할 일은 계정과목의 잔액을 맞추는 일이 아니라, 그 금액의 타당성을 검증하는 일이란 것을 유념하기 바란다.

> **회계담당자의 과제❼ ➡ 재고, 외상매출금, 외상매입금에 대해 주의를 게을리하지 않는다.**

매달 회사는
이익을 창출하고 있는가?

월차 손익계산서와 대차대조표 확인이 끝나면, 마지막으로 현금흐름 계산서를 확인한다. 손익계산서와 대차대조표에서 본 내용을 현금흐름 계산서를 사용하여 자금 관점에서 검증하는 것이다. 여기에서도 핵심 범위를 좁혀서 현금흐름 계산서 중에서 '영업활동에 따른 현금흐름(이하 영업현금흐름)'을 중심으로 살펴보도록 하겠다.

영업현금흐름에서 '세전이익'에 표시된 금액에 '감가상각비'를 더해서 '상각전이익'을 계산한다. 상각전이익은 기업의 실제적인 영업이익이 얼마인지 나타내준다.

다음에는 대차대조표에서 확인한 운전자금의 증감을 현금흐름 계산서에서 살펴본다. '매출채권 증감' '재고자산 증감' '매입채무

이익과 운전자금을 현금흐름 계산서로 검증

상각전이익과 운전자금 확인!

영업활동에 따른 현금흐름	
세전이익	180
감가상각비	70
매출채권 증가	△200
재고자산 증가	△150
매입채무 증가	100

상각전이익+250
(돈을 증가시키는 이익)

+

운전자금△250
(예금 양에 영향)

=

**돈이 된 이익
±0**

증감'의 합계를 각각 계산한다. 보통 매출이 증가하는 경우에는 운전자금의 증감 합계액이 마이너스가 된다. 일반적인 영업주기라면 매출이 늘어난 만큼 매출채권의 금액이 늘어나므로 현금흐름은 마이너스(돈이 들어오지 않음)가 된다. 마찬가지로 재고가 늘면 자금이 줄어들기 때문에 현금흐름은 마이너스가 된다.

반대로 매입채무가 증가하면 지급해야 할 금액이 많아지므로 현금흐름은 플러스로 작용한다.

다시 말해 현금흐름 계산서에서는 다음 두 가지를 살펴보아야 한다.

① 손익계산서의 이익이 '상각전이익'으로 자금을 얼마나 증가시키는가.

② 대차대조표의 운전자금 증감이 자금을 얼마나 잠식하는가.

기업의 영업활동이 정상적으로 이루어지고 있는지 확인하는 일은 회계담당자의 월별 업무 중에서 가장 중요한 업무이다. 손익계산서에 이익이 올바르게 계상되어 있는지 확인하고, 대차대조표에서 운전자금의 균형에 대한 타당성을 확인한 다음, 마지막으로 현금흐름 계산서에서 이 두 가지를 자금의 관점으로 살펴본다.

회계담당자의 과제❽ ➡ 영업현금흐름에서 상각전이익과 운전자금을 확인한다.

경향을 파악하여 목표와의 차이를 검증한다

STEP3 사분기 · QUARTERLY

상장기업에서는 사분기결산을 의무적으로 실시하게 되어 있다. 비즈니스 환경의 변화 속도가 빨라짐에 따라 경영 상태를 확인하는 주기 역시 빨라졌다.

비상장기업에서도 사분기(3개월)를 하나의 주기로 삼아, 월별보다 한 단계 높은 수준에서 회사의 건강 상태를 확인한다.

3개월이라는 단위는 사실 학교의 학기제도와 같다. '결산서는 회사의 성적표' 라는 말이 있듯이 사분기결산을 각 학기마다 보는 기말고사로 생각하면 이해하기 쉬울 것이다.

3개월마다 확인하는 작업을 소홀히 하면 사업연도 마지막에 후회하는 일이 생길 수도 있으므로 유의해야 한다.

회계담당자가 사분기마다 해야 할 일은 다음 두 가지이다.

① 목표와 현재 상태와의 차이를 계산한다.
② 지금까지의 경향을 분석한다.

①의 '목표와 현재 상태와의 차이를 계산한다.'는 이른바 예산실적 관리를 말한다.

월 단위로 업무실적을 관리할 때는 초기에 목표로 세운 매출이나 이익과 실제 성과 사이에 차이가 있는지를 검증한다. 하지만 사분기 단계에서는 이익 구조나 재무균형 또는 현금흐름에 이상이 없는지 점검한다. 어디가 잘못됐는지 모르면 문제가 있어도 궤도를 수정할 수 없다.

②의 '경향 분석'은 과거 자료의 동향을 살펴보고, 기업 활동의 속도를 인식하는 것을 말한다. 기업의 활동 결과는 과거와 동일한 움직임을 보이는 경향이 있기 때문에, 그 움직임을 파악함으로써 결산에 이르기까지의 과정을 미리 예측할 수 있다.

사분기결산에서 정기적으로 업무 실적을 검증하는 회사의 회계담당자는 다음과 같은 행동을 한다.

'3개월마다 회사의 재무 상태를 확인하고, 융자 계획을 상담하러 은행에 간다.'

'사분기마다 임원회의에서 회사의 현재 상태를 그래프로 나타내

어 목표 달성을 위한 대책을 검토한다.'

현재 상황에 대한 올바른 인식은 다음 단계의 활동에 영향을 미친다.

회계담당자의 과제❾ ➡ 3개월 주기를 습관화한다.

손익분기점 그래프로
수익구조를 확인한다

회사 전체의 수익구조는 사분기마다 잊지 말고 꼭 확인해야 한다.

이때 손익분기점 그래프를 만들면 수익구조를 한눈에 파악할 수 있다. 회계 시스템의 표준적인 분석 방법이므로 회계담당자라면 누구나 본 적이 있을 것이다. 매출액과 변동비, 고정비에서 이익을 내기 위해 필요한 매출액을 계산한다.

회사의 이익구조는 크게 변하지 않으므로 손익분기점 그래프를 매달 만들 필요는 없다. 회사의 수익구조는 3개월마다 한 번 정도 확인하는 것이 적당하다.

손익분기점 그래프를 만드는 회계담당자는 많지만, 자료의 내용까지 분석하는 사람은 많지 않다.

부디 그래프 작성이 목적이 되지 않도록 주의하자. 손익분기점은 관리회계의 기본이므로 반드시 복습해두기 바란다. 3개월마다 손익분기점 그래프를 작성하면, 수익구조에서 어느 부분이 잘못되었는지 시각적으로 인식할 수 있기 때문에 원인을 발견하는 데 도움이 된다. 그래프의 구성 요인인 매출액, 변동비, 고정비의 선만 보고도 간단히 원인을 파악할 수 있다.

먼저 고정비의 막대그래프 높이를 보고, 현재 회사의 거래 규모에 비해서 경비가 지나치게 많이 드는 것은 아닌지 확인한다.

다음은 매출액과 변동비 그래프 선의 경사를 비교해서 매출원가율(또는 매출총이익률)이 높지 않은지 확인한다. 가령 기울기가 1퍼센트만 달라져도 매출액이 증가하여 오른쪽으로 움직이는 만큼 그 차이가 회사의 이익에 반영되는 것을 그래프를 보면 알 수 있다.

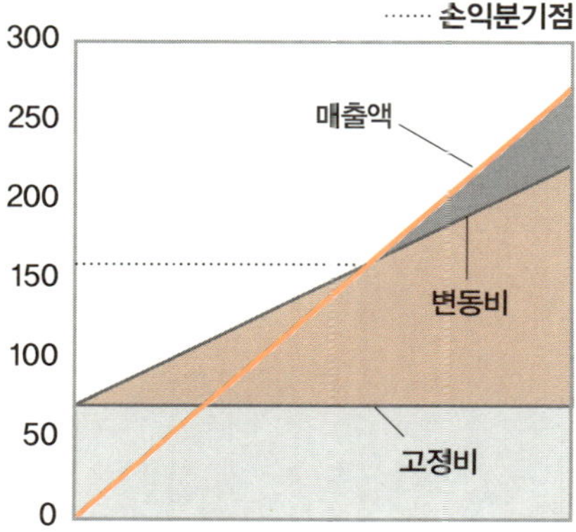

손익분기점 그래프

다만, 관리회계는 전체적인 구조를 이해하는 것이 목적이므로 1엔까지 계산한 세세한 자료는 필요 없으며 대략적인 숫자 정도면 충분하다.

> **회계담당자의 과제❿ ➡** 손익분기점 그래프로 관리회계의 기본을 복습한다.

전년도 동월(同月)과 비교하여
계절 변동을 알아본다

다음으로 회계담당자가 사분기에서 확인할 사항은 대략적인 경향을 살펴보는 것이다.

현재 시점에서의 수익구조를 손익분기점 그래프로 검증했다면, 과거 자료와 비교하여 어떻게 변화하는지를 분석한다.

매출액은 업종에 따라서도 다르지만, 대부분 계절에 따라 다루는 상품이나 서비스가 달라지기 때문에 시기에 따라서도 변동한다.

지난 연도의 자료와 비교해서 변화를 조사할 때도 그래프를 이용하면 쉽고 간편하다.

매월 매출액을 단순히 전년 동월과 비교하는 것도 좋지만, 매출액을 구성 요소로 나눠서 비교하면 내용을 더욱 잘 이해할 수 있다.

구체적으로 설명하면 매출액을 손익분기점 그래프에서 사용한 '변동비' '고정비' '이익'으로 분류해서, '전년 동월 수익구조 비교 그래프'를 막대그래프로 작성한 뒤에, 전년도 월별 자료와 나란히 놓고 비교하는 것이다. 이렇게 하면 막대그래프로 매출액 비교를 표시할 수 있으면서 동시에 매출을 구성하는 비용과 이익의 비율까지 파악할 수 있다.

이렇게 함으로써 시기에 따라 변하는 기업 활동의 세 가지 변화, 즉 ①매출액의 변화, ②비용 배분의 변화, ③이익창출 방법의 변화를 하나의 그래프로 이해할 수 있다.

올해 매출과 전년도 매출을 비교하는 작업은 경영자는 물론 영업부서에서도 이미 하는 일이므로, 회계담당자는 거기서 한발 더 나아가 수익구조의 변화를 파악해야 한다.

전년 동월 수익구조 비교 그래프

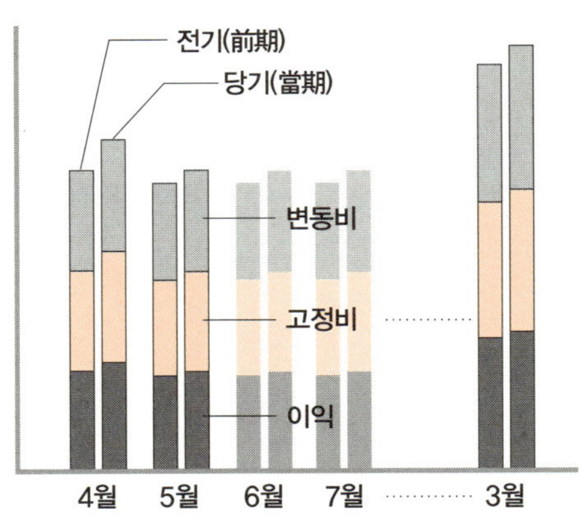

'매출 향상을 위해 가격을 인하한 탓에 미출총이익률이 악화되지 않았는가?' '광고비와 판촉비를 투입한 결과, 매출과 이익이 작년보다 얼마나 증가했는가?' 등과 같이 자기 나름의 가설을 세우고 분석하다 보면, 경영적 관점에서 업무실적을 해석할 수 있게 된다.

회계담당자의 과제⑪ ➡ 수익구조를 전년도와 비교한다.

그래프 선을 연결하여 이익을 면으로 이해한다

수익의 구성 비율을 파악할 수 있게 되었다면 다음에는 기업의 성장 경향을 살펴보자.

앞에서 본 전년 동월 수익구조 비교 그래프는 계절 변동을 볼 때는 매우 유익하지만, 성장 경향을 이해하는 데에는 그다지 적합하지 않다.

그래서 이번에는 계절 변동의 평균을 내서 경향을 살펴보도록 하겠다. 다음 페이지에 있는 '이동합계 그래프'는 최근 12개월 동안의 월별 데이터를 집계한 것으로, 성장 경향을 분석하는 데 적합한 그래프다.

예를 들어 6월 월례가 끝난 시점에서 작년 7월부터 올 6월까지의 월별 데이터를 합산한 것이 1년분의 데이터가 된다. 이런 식으로 매달 당월 데이터에 과거 11개월분의 데이터를 집계해서 그래프로 작성하여 비교하면, 12개월 동안의 데이터를 합산한 것이기 때문에 계절 변동의 영향을 받지 않고 순수하게 마출액의 변동을 볼 수 있다. 그리고 지금까지의 성장 속도를 그래프로 확인할 수 있다.

이동합계 그래프에 매출액만이 아니라, 매출총이익(매출액−변동비)과 고정비를 같이 표시한다. 그래프가 모두 완성되면 매출총이익의 꺾은선 그래프와 고정비의 꺾은선 그래프 사이를 형광펜으로 칠한다. 형광펜을 칠한 부분이 이익(고정비가 매출총이익보다 큰 경우는 손실)을 나타낸다.

그래프로 작성함으로써 선과 선 사이를 면으로 인식할 수 있으며, 모든 분석 작업을 컴퓨터로 하지 않고 이렇게 손으로 하면 비율이나 금액의 크기를 한결 쉽게 머릿속에 기억할 수 있다.

이동합계 그래프를 사분기마다 작성해서 지금까지의 성장 경향을 분석하면, 현재 속도대로 진행했을 경우의 결산 상태를 예측할 수 있다. 제1사분기, 상반기, 제3사분기를 마무리한 단계

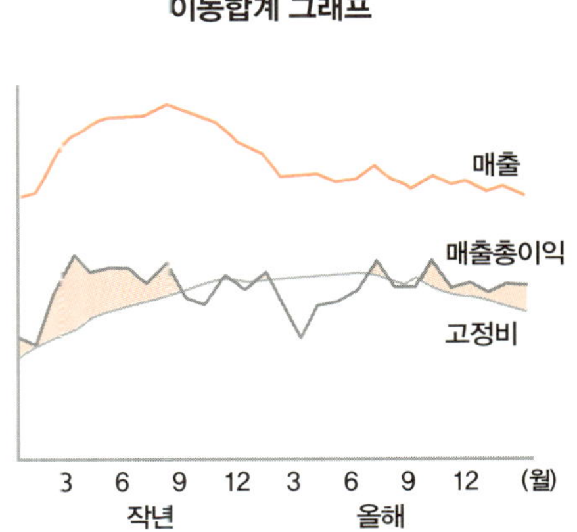

에서 연간 목표치와 비교함으로써 중기적인 관점에서 과제를 파악
할 수 있다.

　분석력을 기르려면 거시적으로 인식하고 미시적으로 이해하는
습관을 들여야 한다. 먼저 전체를 파악한 다음에, 개별 문제를 조사
하여 중장기적인 관점에서 분석한 뒤에 단기적인 개선책을 검토하
도록 한다.

> **회계담당자의 과제⓬ ➡ 이동합계 그래프로 전체를 중장기적인 관점
> 에서 파악한다.**

현금 보유액과
차입금을 검증한다

회계담당자는 항상 자금 융통에 관심을 기울여야 한다. 사분기에서 마지막으로 확인할 부분 역시 자금의 균형이다.

경영자가 사분기 업무 실적 결과를 보고 난 뒤 사업 계획을 재검토하거나 예정했던 설비투자 규모와 인재 채용을 변경하는 일이 종종 있다. 그리고 경기나 금융 정세의 변화에 따라 금융기관의 대응이 달라져 당초 자금 계획대로 자금 조달을 못하는 경우도 있다.

적어도 3개월에 한 번 정도는 자금의 균형 상태를 조사하여 앞으로의 사업 활동에 지장이 없는지 알아봐야 한다.

그러기 위해서는 사분기마다 회사의 현금 보유액과 차입금의 잔액을 확인해야 한다. 현금 보유액이란 본디 투자 용어로 투자금액

중에서 사용하지 않고 수중에 보유하고 있는 현금의 비율을 말한다. 기업 활동에 적용하면, 매월 거래액(매출액)에서 기업이 보유하고 있는 자금의 비율을 의미한다.

자금 균형의 경향을 분석하기 위해 '예금과 차입금 잔액 추이 그래프'를 만들어보자. 이 그래프는 매월 자금(당장 움직일 수 있는 현금과 당좌예금·보통예금)과 차입금의 잔액을 막대그래프로 작성하여 나란히 놓고 매월 매출액과 비교하는 것이다.

자금을 어느 정도 모아둬야 좋을지는 회사에 따라 생각이 다르기 때문에 정해진 답은 없다. 단지 회계담당자로서 일반적인 기준을 알아두면 자금을 운용할 때 도움이 된다.

일반적으로 기업은 매월 매출액(한 달 거래 총액)의 1.5개월에서 2.5개월분의 현금을 항상 준비하고 있다.

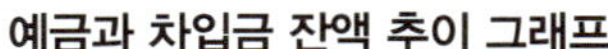

예금과 차입금 잔액 추이 그래프

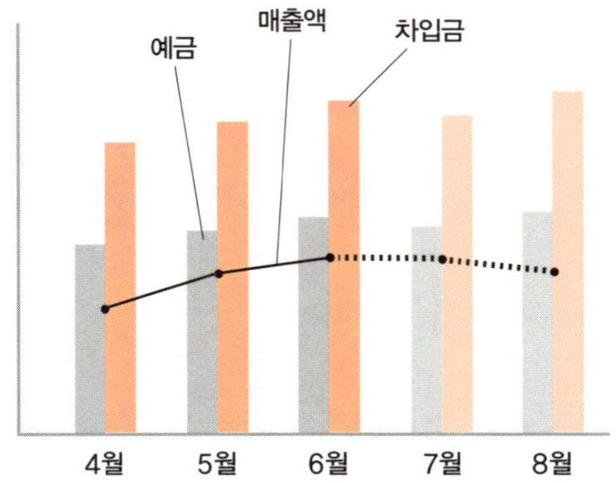

차입금 잔액의 평균은 한 달 거래 총액의 3개월에서 4개월분으로, 일반적으로 보유자금의 약 2배 정도의 차입금이 있을 때를 자금의 균형 상태라고 말한다.

차입금은 매달 상환해야 하기 때문에 상환금액 이상의 현금흐름이 없으면 자금의 잔액은 감소한다. 수입에서 운전자금, 설비자금, 상환자금으로 줄어드는 부분을 고려하여 사분기마다 자금 계획을 재검토해야 한다.

회계담당자의 과제⓭ ➡ 손익뿐만 아니라 자금 변동도 사분기마다 확인한다.

결산서에 적힌 숫자의 의미를 파악한다

좋든 싫든 기업은 회계담당자가 작성한 결산서를 통해 외부로부터 평가를 받는다.

회계담당자는 당연히 이렇게 중요한 결산서에 나와 있는 숫자의 의미를 알고 있어야 한다.

만약 회계담당자가 결산서를 작성하면서 단순히 숫자를 기록하고 잔액을 맞추는 것으로 할 도리를 다했다고 생각한다면, 무책임하기 짝이 없는 일이다.

회계라는 이름으로 회사의 결산서를 작성해서 발표하는 데는 큰 책임이 뒤따른다. 그렇기 때문에 결산서 작성이 끝나면 발표하기 전에 미리 그 내용을 분석해야 한다.

이때 결산에서 회계담당자의 분석 포인트는 회사가 외부에서 어떤 평가를 받는가이다.

여기서 말하는 외부란 회사와 거래를 맺고 있는 사람 또는 앞으로 거래할 가능성이 있는 사람을 의미한다. 구체적으로 말하면 주주, 은행, 거래처가 이에 해당하지만, 공개기업의 경우는 사회 전체라고 봐도 무방하다. 그에 비해서 동족회사 같은 경우는 은행과 세무서 정도만이 회사의 결산서를 본다.

결산서를 누가 보든 회계담당자는 제삼자의 관점에서 결산서를 분석해야 한다. 하지만 정신없이 바쁜 결산 시기에 많은 시간을 투자해서 은행이나 증권분석가처럼 전문적으로 분석하기는 쉽지 않다.

짧은 시간에 손익계산서, 대차대조표, 현금흐름 계산서라는 세 가지 결산서를 분석할 때는 각각 중요하게 생각되는 포인트를 한 가지만 정해서 분석해야 한다.

전문적인 재무분석이나 신용평가는 회계사무소에 부탁하면 된다. 전문가가 객관적으로 실시한 분석평가 자료를 보면서, 해설을 들으며 배우는 편이 혼자 처음부터 공부하는 것보다 효율적이라는 사실은 두말할 필요도 없다.

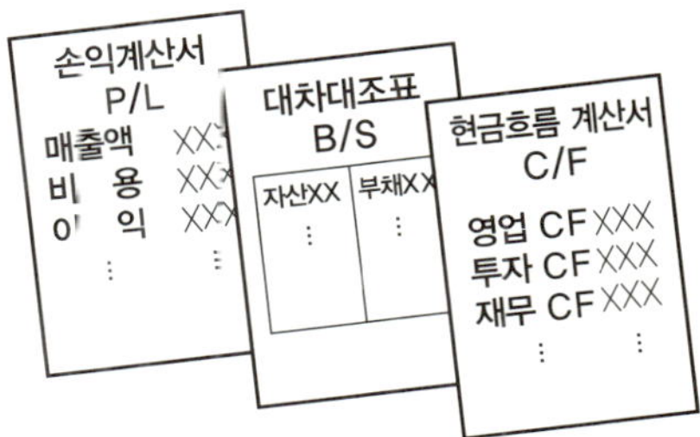

다시 한 번 말하지만 회계담당자는 분석에 지나치게 시간을 할애하지 말고 필요한 최소한의 사항만 확인하도록 한다.

다음에는 손익계산서, 대차대조표, 현금흐름 계산서에서 포인트를 정해 분석하는 방법을 살펴보겠다.

회계담당자의 과제⓮ ➡ 결산서 작성이 끝나면 발표하기 전에 분석한다.

EBITDA가
중요한 이유

일반적으로 손익계산서에서는 수익성을 톤다.

손익계산서에 표시된 5가지 이익은 모두 중요하며, 매출액 경상이익률을 비롯해 수익성을 보여주는 경영분석지표가 많이 있다.

그중에서 굳이 한 가지를 고르라면 나는 EBITDA(Earnings Before Interest, Taxes, Depreciation and Amortization : 에비타라고 발음하며 이자·세금·감가상각 전의 이익을 말함)를 보라고 권하고 싶다.

은행원이나 증권분석가가 기업을 평가할 때 EBITDA를 중요하게 생각하기 때문이다.

EBITDA = 영업이익 + 감가상각비

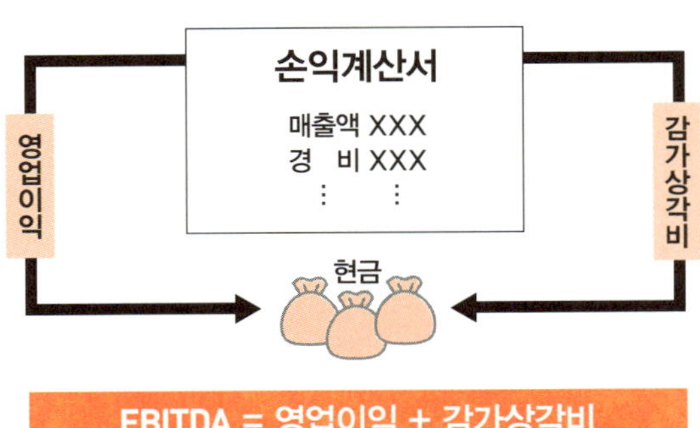

이 지표는 한마디로 말하면 회사가 영업활동을 통해 현금을 벌어들이는 능력을 나타낸다. 감가상각비는 자금 지출이 없는 비용이므로, 영업이익에 감가상각비를 더한 만큼 현금을 창출할 수 있다고 생각하는 것이다.

기업을 평가하는 외부 사람들이 현금흐름을 중요시한다는 것을 알 수 있다.

2007년에 뉴욕에서 기업재생을 전문으로 도와주는 컨설팅회사를 방문한 적이 있다. 그 회사에서는 기업의 가치를 평가하고 재건계획을 검토할 때 EBITDA를 사용하고 있었다. 그때 나는 기업의 가치를 평가하는 데 있어서 현금을 창출하는 능력이 무엇보다 중요하다는 사실을 깨달았다.

일본에서도 마찬가지로 기업을 인수하거나 합병할 때, 기업의 가치를 산출하거나 은행이 융자를 신청한 회사의 변제능력을 알아볼 때 EBITDA가 기본이 된다.

최근에는 건설업의 경영사항심사(經營事項審査 : 일본 정부에서 건설 회사의 규모, 경영사항, 기술력 등 업체의 총체적 능력을 평가하여 등급을 매긴 뒤 등급별로 공사 참여자격을 부여하는 제도-옮긴이)에서 이익평가항목으로 EBITDA를 채용하는 등, 실무 면에서도 그 중요성이 점점 커지고 있다.

그러므로 회계담당자는 손익계산서를 보고 자사의 현금 창출 능력이 어느 정도인지 판단할 줄 알아야 한다.

> **회계담당자의 과제⑮ ➡ 회사의 현금 창출 능력을 파악하고 있어야 한다.**

대차대조표에서 숨어 있는
신용도를 읽는다

다음에는 대차대조표에서 회사의 안전성을 살펴본다.

경기가 악화되었을 때 기업이 쓰러지지 않고 견디려면 축적해둔 자금이 충분히 있거나, 다른 사람의 도움을 받는 수밖에 없다. 그러나 신용이 없는 기업에 손을 내밀어줄 사람은 아무도 없기에 결국 지금까지 쌓아놓은 업무실적으로 기업의 안정성을 평가해야 한다.

기업이 비축해둔 자금은 대차대조표 오른쪽 아래에 있는 순자산 부분에 표시되어 있다.

다른 사람에게 빌린 금액은 대차대조표 오른쪽 윗부분에 있는 부채 항목에 표시되어 있다. 대차대조표의 오른쪽에는 순자산과 부채, 다시 말해 기업의 신용도가 표시되어 있다. 비축한 자금이 많은 회사는 신용이 좋아서 곤란한 상황에 처하더라도 외부의 도움을 어렵지 않게 받을 수 있다. 그러나 외부의 도움은 결국 언젠가 갚아야 하는 빚이다. 지나치게 외부의 도움을 받는 회사는 신용을 낭비하고 있는 셈이므로, 스스로 노력하여 보유자금을 늘리지 않으면 결국에는 누구의 도움도 받을 수 없게 된다.

그렇기 때문에 회계담당자는 기업의 안정성을 평가하는 경영지표 중에서 부채비율에 관심을 기울여야 한다. 부채비율에는 기업의 경영 자세가 신용도로 명백하게 드러나 있기 때문이다.

부채비율 = 부채(타인 자본) ÷ 순자산(자기 자본)

부채비율과 비슷한 것으로 자기자본비율(자기자본÷총자본)이 있는데, 이 지표 역시 회사의 안정성을 나타낸다.

부채비율로 회사의 주인이 누구인지 알 수 있다

부채비율 = 부채(타인 자본) ÷ 순자산(자기 자본)

어떠하든 부채비율이 100퍼센트를 웃돌고 있다(비축 자금보다 부채의 비율이 높은 상태)면 기업의 신용도는 하락하고 있다는 의미이다. 다른 사람에게 의존하는 비율이 높다는 것은 회사의 존속이 다른 사람의 손에 달려 있다는 뜻이기에 바람직하지 않다. 이런 경우 상대방이 경제 사정이 나빠져서 갑작스럽게 자금을 회수해 간다면 회사는 바로 문을 닫게 된다.

자금문제로 외부에 도움을 청할 때는 회사의 결산서를 보여줘야 하므로, 회계담당자는 대차대조표의 오른쪽 위아래의 균형(부채와 순자산에 대한 비율) 상태를 반드시 확인해야 한다.

대차대조표의 오른쪽을 잘 살펴야 하는 또 다른 이유는 이 부분이 눈에 잘 안 들어오는 탓에 관심을 갖는 사람이 없기 때문이다. 그래서 회계담당자가 주의해서 보지 않으면 아무도 자사의 현재 상태를 알지 못한다.

대차대조표의 왼쪽은 자금운용 결과여서 상품이나 비품, 자동차 등 그 존재가 눈에 바로 들어온다(채권과 무형고정자산은 눈에 보이지 않기 때문에 그 존재를 인식하지 못하는 직원이 많다). 그러나 자금을 사용할 때는 어디에서 그 자금을 조달하는지(자금조달 원인) 금방 잊어버린다.

본인 지갑에 돈이 얼마나 들어 있는지, 타고 다니는 자동차 종류가 무엇인지는 알고 있어도, 현재 대출 잔액이 얼마이고 신용카드 미납금이 얼마인지 매일 의식하며 사는 사람이 많지 않은 것과 마찬가지이다.

회사가 지금까지 쌓아올린 결과(대차대조표 왼쪽의 자산)의 이면(대차대조표 오른쪽의 부채와 순자산)이 회사의 현재 신용도이다. 앞으로 남에게 얼마나 도움을 받을 수 있는지를 나타내는 척도라고도 할 수 있다. '빌린 돈은 반드시 돌려드립니다' 라고 강하게 호소해도 신용이 없으면 아무도 믿어주지 않는다.

손익계산서는 사업연도가 바뀌면 모든 것이 소멸되므로 업무실적이 나쁘더라도 간단히 재기할 수 있다. 하지만 대차대조표는 지금까지 해온 모든 것이 계속 쌓이게 된다. 순자산(자기 자본)은 주주에게 받은 자금(자본금과 자본잉여금)과 지금까지의 이익을 축적한 내부유보 자금을 합한 것이다.

이익잉여금을 회사 설립 햇수로 나누면, 매년 얼마나 비축(내부유보)했는지 알 수 있다. 실제로 계산해보면 매 시기마다 내부유보 자금이 적은 것을 통감하게 되고, 오랜 시간 착실한 노력 없이는 신용을 쌓기 어렵다는 사실을 깨닫게 될 것이다.

이솝우화의 개미와 베짱이 이야기를 예로 들 것도 없이 경기가 좋을 때 미래를 준비하지 않으면 불경기가 닥쳤을 때 누구도 도와주지 않는다.

워렌 버핏은 어디에
중점을 둘까?

재무표 세 가지 중 마지막은 현금흐름 계산서다.

워렌 버핏은 기업의 가치를 평가할 때 현금흐름을 매우 중요하게 생각했지만, 한편으로는 다음과 같은 경고를 했다.

'필요한 설비투자를 제외하지 않는 이상, 현금흐름에 초점을 맞출 수 없다.'

버핏은 기업의 현금흐름(순이익과 감가상각비의 합계)에서 설비투자 비용과 영업에 필요한 운전자금의 합계금액을 제외해야만 기업의 정확한 상태를 알 수 있다고 말했다. 영업에서 이익을 냈어도, 장래에 제대로 회수할 수 있을지 어떨지 모르는 설비에 자금을 지나치게 많이 투입하는 기업은 투자가 입장에서는 매력이 없다.

현금흐름 계산서로 말하면 영업현금흐름과 투자현금흐름을 합산한, 이른바 잉여현금흐름이 이에 해당한다. 기업이 모아 놓은 자금을 자유롭게 사용할 수 있는 상태(잉여현금흐름이 많은 상태)여야, 주주 역시 배당을 받을 수 있기 때문에 투자가 입장에서는 당연한 이치다.

그래서 현금을 창출하는 능력뿐 아니라, 벌어들인 현금을 적절하게 사용할 수 있도록 조절하는 능력도 중요하다. 이런 의미에서 회계담당자의 합리적인 사고방식은 매우 중요하다. 그리고 회계담당자는 현금흐름 계산서를 통해 회사의 자금 유지 능력을 외부에 어필할 수 있는지 여부를 확인해야 한다.

재무분석은 하기 시작하면 해도 해도 끝이 없다. 하지만 당신의 귀중한 시간에는 한계가 있으며, 분석을 아무리 훌륭하게 해도 지나간 일은 절대로 바꿀 수 없기에 달라지는 것은 아무것도 없다. 세세한 부분까지 분석하느라 시간을 소비하기보다 전체적인 방향을 실수하지 않고 요령 있게 분석하는 것이 바람직하다.

끝으로 버핏의 소중한 한마디를 가슴에 새기고 다음으로 넘어가도록 하자.

'나는 정확하게 틀리는 것보다 대강 맞는 쪽을 택한다.'

회계담당자의 과제⑰ ➡ 워렌 버핏이라면 어떻게 할지 생각해본다.

회계사무소 유용하게 활용하는 법(분석력 편)

무슨 일이든 독학으로 혼자 공부하면 시간이 걸리기 마련이다. 그보다는 전문가에게 배우는 편이 시간을 효율적으로 사용할 수 있다.

재무분석에 관해서는 회계사무소의 전문가들에게 배우는 것이 가장 빨리 배울 수 있는 지름길이다. 그들은 매달 수많은 회사의 재무를 분석하기 때문에 전문 프로그램과 노하우가 풍부하다.

다만 한 번에 너무 많이 배우려 하지 말고, 배울 분량을 적절히 조절해야 한다. 한 번에 너무 많이 배우면 이해하는 데에도 한계가 있으므로 제대로 습득하기 어렵다. 따라서 한 달에 한 항목씩만 설명을 듣도록 한다.

매달 배울 주제를 미리 정해두면 회계사무소 쪽에서도 사전준비를 할 수 있고, 여러분도 예습과 복습을 할 수 있어 효과적이다.

회계사무소에 다음과 같이 협조를 요청하면 도움을 받을 수 있을 것이다.

① 재무분석의 기본

월별 시산표 외에 제출하는 재무분석 자료 중에서 특히 자기 회사에 중요한 부분을 설명해달라고 하자. 경영지표의 의미나 표준값을 비롯해 어느 부분을 개선하면 회사의 평가가 좋아지는지를 중심으로 공부하고, 그 내용을 매달 실행에 옮겨본다. 책상에 앉아 공부만 해서는 금방 잊어버리기 쉬우므로 바로 실천에 옮겨 업무에 활용하는 것이 중요하다. 배운 것을 실무에 직접 적용할 수 있어야 배운 지식을 진정 자신의 것으로 만들었다고 할 수 있다.

② 재무분석 프로그램 활용

회계사무소에는 여러 가지 재무분석 프로그램이 구비되어 있으니, 시산표만이 아니라 분석 결과를 그림이나 그래프로 작성하여 보여달라고 하자. 아무리 회계담당자가 숫자에 강하다 해도 역시 그림이나 그래프를 이용하는 편이 훨씬 쉽게 이해할 수 있다.

③ 동일 업종의 타 회사와 비교

재무분석을 할 때 동일 업종인 다른 회사나 업계 평균과 비교하는 것이 중요하다.

회계사무소는 풍부한 업종별 자료를 가지고 있으므로 동일 업종인 타사와 비교해가며 분석하는 것도 좋은 방법이다.

은행이 기업을 평가할 때 사용하는 기업신용평가를 부탁하면, 은행에서 자신의 회사를 어떻게 평가하는지 알 수 있어 유용하다. 어디를 개선하면 신용평가가 올라가는지 알려달라고 해도 좋을 것이다. 또한 거래처의 신용 상태를 조사할 때도 기업 조사자료를 보는 법에 대해 상의해보기 바란다.

> **회계담당자의 과제⓱ ➡ 회계사무소의 전문가들에게 분석 노하우를 배운다.**

04

보고력

핵심 정보를 이해하기 쉽게 전달한다

남자와 이야기할 때의 원칙. 간단하게! 한 번에 한 가지씩만 생각하게 한다.
−앨런 피즈

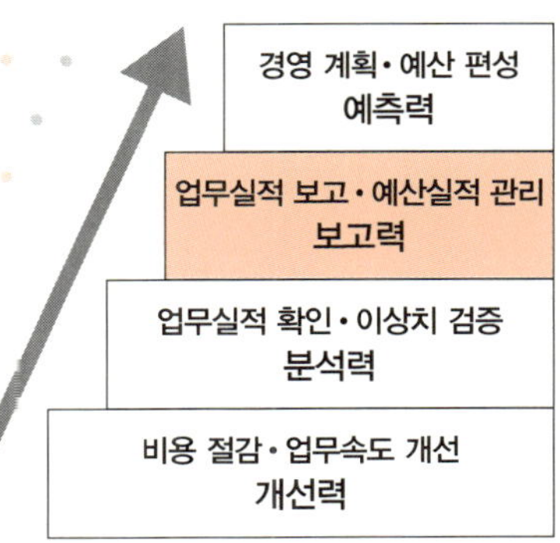

피드백은 회계담당자의 중요한 역할

사업 활동의 결과를 사내에 피드백하는 일은 회계담당자의 중요한 역할이다.

사전에 보면 피드백(feed back)이란 '어느 행동의 결과에 따라 그 다음 행동을 수정·조절하는 것' 이라고 나와 있다. PDCA 사이클에서 'Action(개선)' 에 해당한다.

그러나 일반적으로 Action을 실시하는 것은 경영자와 현장에서 활동하는 직원이기에, 회계담당자는 주로 경영자와 현장직원이 Action을 수행하기 쉽도록 도와주는 역할을 한다. 그러므로 회계담당자는 사업 활동의 결과를 신속하게 집계해 적절한 시기에 이해하기 쉽도록 보고하는 능력이 필요하다.

조정 경기를 보면 역할 분담에 대해 잘 이해할 수 있다. 에이트라는 8인승 보트의 경우 보트의 노를 젓는 사람 전원이 진행방향과 반대가 되는 쪽을 보고 앉는다. 유일하게 진행방향을 보는 사람은 노 없이 가장 뒤에 앉아 있는 키잡이다. 키잡이의 역할은 보트 전체의 움직임을 살피면서 모두의 노 움직임을 조절하고 소리 내어 기운을 북돋우는 것이다. 키잡이의 역할이 바로 회사에서 회계담당자가 해야 할 역할이다.

조직이 커지면 반드시 목적했던 방향에서 벗어나게 되어 있다. 이때 사원 개개인이 무작정 열심히 한다고 해서 회사 상태가 좋아지는 것은 아니다. 전체의 움직임을 보고 방향을 바로잡아 줄 사람이

회계직원은 보트의 키잡이

전체의 움직임을 보면서 노의 움직임을 조정하고
소리 내어 모두를 격려하는 역할

필요하다.

그런데 사람들을 설득해서 이끌어야 할 회계담당자가 어려워하는 일이 '보고하는 일'이다.

훌륭하게 재무분석을 할 줄 알아도 그것을 다른 사람에게 전달할 능력이 부족하다면, 안타깝지만 그 회계담당자는 단순히 보고 자료를 만드는 사람에 지나지 않는다.

재무분석을 할 줄 아는 사람은 많아도, 그것을 이해하기 쉽게 전달할 줄 아는 사람은 그다지 많지 않다. 사실 이 부분이 당신의 가치를 높여 회사에 기여하느냐 못하느냐의 갈림길이 된다.

> **회계담당자의 과제❶** ➡ 노를 젓지 말고, 소리 내어 나아갈 방향을 바로잡는다.

경영자는 무엇을 보고 판단하는가?

PART1 경영자의 행동에 영향을 주는 피드백

리더가 변하지 않으면 조직은 변하지 않는다. 조직 구성원은 리더의 행동을 보면서 움직이기 때문이다.

앞에서 말한 조정 경기를 예로 들면, 진행방향을 보며 보트의 가장 뒤에 앉아서 노를 젓지 않는 사람이 키잡이(회사에서는 회계담당자의 역할)이고, 바로 그 앞에 앉아서 노를 젓는 사람이 리더(사장)이다. 다른 구성원(사원)은 리더(사장)의 행동에 맞춰 노를 젓는다. 리더가 속도를 올리면 구성원 모두가 그에 맞춰 속도를 높인다.

그렇다면 리더가 행동을 바꿀 때는 언제일까? '지금 이대로는 곤란하다.' 라는 위기의식을 느낄 때이다.

'이 속도로는 당기 목표를 달성할 수 없어.'

'이대로는 경쟁사에 지고 말거야.'

'이 상태가 계속되면 회사는 결국 파산이야.'

— 그러므로 회계담당자가 할 일은 '이대로라면 회사가 위험한 상황에 처한다'(이상적인 상태에서 점점 멀어져 간다)는 사실을 리더에게 알려주는 것이다. 물론 회사가 이상적인 상태를 유지하고 있을 때 '순조롭다'고 알려주는 것 역시 중요하다.

기업이 계속 성장가도를 달리는 동안은 새로운 일에 끊임없이 도전해야 하기 때문에 그 결과를 경영자에게 피드백해주는 회계담당자의 역할이 더욱 중요해진다.

회사가 이상적인 상태를 유지하고 있는지를 판단할 때 경영자가 가장 중요하게 생각하는 판단 기준은 이익이다. 이익은 회사 존속에 필요한 비용을 조달하고 있다는 증거이며, 앞으로 있을지 모를 사업상 리스크에 대응할 수 있는 여유 정도를 나타내주기 때문이다.

이익이 축적되면 회사의 자금을 비축할 수 있고 동시에 외부에서 자금을 조달할 수 있다.

경영자는 이익이 회사의 성장을 보증해준다고 믿는다. 즉, 경영자는 기업을 안정된 상태로 유지하기 위해 '이익 추구'를 목표로 해서 회사를 경영한다.

> **회계담당자의 과제❷ ➡ 경영자가 안전하다고 생각하는 이익의 허용 범위를 알고 있어야 한다.**

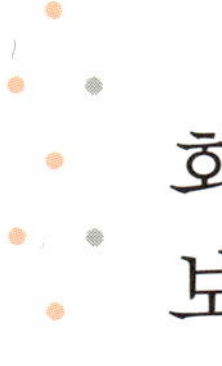

회사의 운영 상태를
보여주는 세 가지 요소

회계담당자는 경영자에게 이익을 측정한 결과를 피드백해줘야 한다.

단순히 이익금액을 알고 싶은 거라면 손익계산서만 보면 금방 알 수 있다. 규모가 작은 회사라면 그 정도로 충분하지만, 조직으로 움직이는 기업의 경우는 이익금액 외에 이익이 기업의 규모에 적정한지도 살펴봐야 한다. 조직의 규모가 달라지면 기업경영에 필요한 이익금액도 달라지기 때문이다.

그래서 보고할 때도 회계담당자의 분석력이 필요한 것이다. 분석은 제3장에서 설명한 대로 '복잡한 것을 나누어 다양한 관점에서 보는 것'이다. 그러므로 회계담당자는 이익의 내용을 나눠서 여러 관점에서 살펴본 결과를 경영자에게 보고해야 한다.

회사의 경영 상태를 알아볼 때 가장 자주 사용하는 것이 총자산이익률(=이익÷총자산 ROA…Return On Asset)이 다. 이것은 기업이 보유한 재산을 이익창출을 위해 얼마나 우용하게 사용하고 있는지를 알려준다. 대차대조표의 좌변 합계(총자산)는 우변 합계(총자본)와 같기 때문에 회사가 조달한 자본(부채와 자기 자본)을 얼마나 효율적으로 운용했는지를 나타낸다고도 할 수 있다. 이때 '이익'은 '경상이익'을 일반적으로 사용하지만, '영업이익' 또는 '순이익'을 사용하기도 한다. 경영자는 언제나 '회사가 잘 돌아가고 있는지'에 관심이 많으므로 기업경영에서 대단히 중요한 지표라고 할 수 있다.

ROA(총자산이익률)는 어느 경영 분석 책을 보더라도 반드시 그림과 같이 나눠서 설명한다. 눈치가 빠른 회계담당자라면 그림의 계산식을 보고 아마도 의아하게 생각했을 것이다. 총자산이익률을 굳이

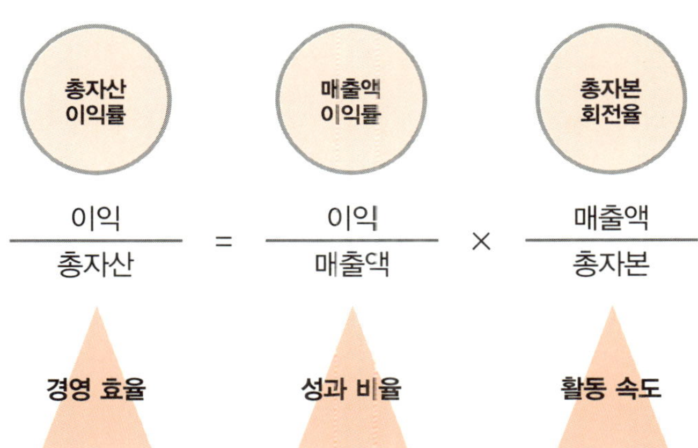

나누면 경영 상태를 더 잘 파악할 수 있다

이익을 매출액으로 나눠 계산하는 매출액이익률과 매출액을 총자본으로 나눈 총자본회전율로 분류하고 있으니 말이다. 나 역시 이 계산식을 봤을 때 일부러 어렵게 보이려고 학자가 저렇게 늘어놓은 거 아닌가 하는 생각을 잠시 했다.

그러나 실제로 경영자와 이야기를 나눠보면, '상품 회전이 빠르다.', '이 구조라면 수익성이 있겠다.', '제품에 대한 수율(收率)이 좋아졌다.'라는 말을 자주 듣는다. 즉, 수익성을 나타내는 매출액이익률과 효율성을 나타내는 총자본회전율을 무시하고 총자산이익률만 분석해서는 회사 운영 상태를 정확히 파악할 수 없다.

기업 활동이란 수익을 올릴 수 있는 구조(이윤의 폭)를 모색하고, 소유하고 있는 자산(자본)을 가능한 한 많이 회전시켜(매출), 이익을 벌어들이는 것이기 때문이다.

'매출액'과 '이익', '총자본(또는 총자산)'이라는 세 가지 요소의 균형을 살펴보면 회사가 제 기능을 하고 있는지 알 수 있다.

매출액이익률(=이익÷매출액)은 기업의 성과 비율을 나타내주지만, 경비를 효율적으로 사용하여 이익을 남기고 있는지를 알 수 있기 때문에 경영자라면 누구나 관심을 갖는 지표이다.

총자본회전율(=매출액÷총자본)은 회사의 총자본(또는 총자산)을 얼마나 회전시켰는지를 알려준다. 바꿔 말하면 기업의 활동 속도를 나타내준다.

회사의 이익구조(매출액이익률)를 이용해서, 자본을 가능한 한 많

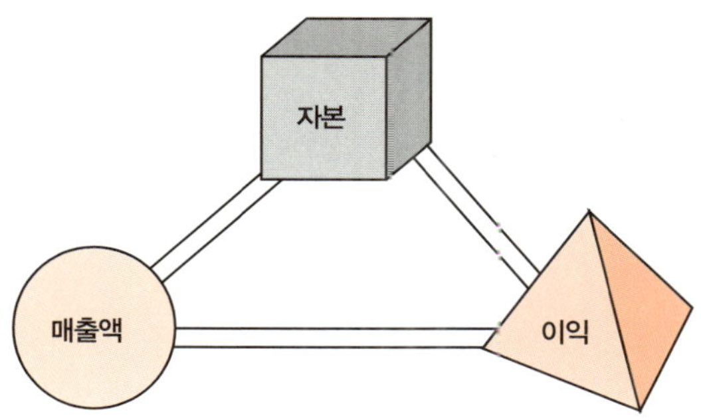

이 회전(총자본회전율)시키면 경영 효율(총자산이익률)이 높아지는 것이다.

단, 도매업의 이익률과 제조업의 이익률은 다르며, 설비산업과 서비스업의 필요한 자산 규모가 다르기 때문에 회전율이 다르다. 그러므로 경영자에게 설명할 때는 자사의 업종이나 업태의 표준적인 이익률과 회전율을 조사하여 비교하면서 설명하기 바란다.

회계담당자가 경영자에게 우선 보고해야 할 내용은 매일 관리하는 자잘한 숫자가 아니다. 기업 활동이 순즈롭게 진행되고 있으며, 그 덕분에 이익이 자본으로 축적되는지 어떤지 등 회사의 전체 상황을 보고해야 한다.

그러기 위해서는 손익계산서와 대차대조표의 전체적인 그림(매출액과 총자본)을 제시하고, 그에 대한 이익과의 균형을 확인받아야 한다.

회계담당자에게 필요한
프레젠테이션 기술

보통 회계담당자는 누군가에게 보여주기 위해 노력하는 데 익숙하지 않다.

그러나 회계담당자가 아무리 훌륭한 경영분석을 해도, 그 자료를 활용해주는 사람이 없으면 무용지물에 지나지 않는다. 사업 활동을 점검한 결과에 대해 경영자가 정확히 알고 있어야, 문제점을 해결하고 앞으로의 개선 방향을 모색할 수 있다.

회계담당자는 현재 상황을 경영자에게 보고하여 사업적으로 현명한 판단을 내릴 수 있게 도와주어야 한다. 회사를 개선하기 위해서는 무슨 일이 있어도 그런 노력을 게을리 해서는 안 된다.

지금까지 회계담당자가 본인이 작성한 자료를 누군가에게 보여주기 위해 따로 노력하지 않은 이유는 회계에서 자료를 출력(Output)하는 형식이 제도적으로 정해져 있기 때문이다. 과거부터 회계의 목적은 대차대조표와 손익계산서를 작성하는 것이었기에, 회계 시스템도 계속 그렇게 유지되어 왔다.

회계를 공부한 사람에게는 대차대조표나 손익계산서가 회사의 상태를 나타내주는 중요한 자료지만, 회계에 대해 잘 모르는 경영자에게는 그냥 숫자가 가득한 이해하기 어려운 자료일 뿐이다.

설명 자료는 본디 설명을 듣는 사람의 이해를 돕기 위해 만드는 것이다. 그런데 '규칙으로 정해져 있으니까', '너무 바빠서'라는 핑계로 상대에 대한 배려 없이 자료를 만든다면, 회계담당자로서 직무태만이라는 말을 들어도 할 말이 없다.

회계를 잘 모르는 사람은 숫자가 형식적으로 나열된 자료를 봐도 그 숫자의 의미가 좋은지 나쁜지 판단이 서지 않는다. 가령 회계를 안다 해도 그 숫자를 경영과 연관 짓지 못하면 아무 소용이 없다. 회계담당자는 경영자가 보고 바로 이해할 수 있도록 자료를 가공하여 숫자의 의미가 제대로 전달될 수 있게 해야 한다.

경영자를 위해서 알기 쉬운 경영 자료를 만들려면 다음과 같은 연구가 필요하다.

① 표보다 그림을 사용한다(가능하면 색을 사용한다).
② 몇 페이지에 걸쳐 설명하기보다 딱 1장으로 정리한다.

③ 숫자는 기억하기 쉽게 대략적으로 적는다.

프레젠테이션 방법이나 도해(圖解)를 활용해 내용을 해설한 책을 보면, 보는 이의 이해를 돕는 방법을 잘 알 수 있다. 그 핵심을 요약한 것이 바로 이 세 가지이다.

이 세 가지 포인트를 적용하여 경영 효율을 파악할 수 있는 지표인 총자산이익률, 매출액이익률, 총자본회전율을 1장으로 정리해서 경영자에게 설명하기 바란다.

대차대조표와 손익계산서를 1장의 그림으로 정리하면 매출액, 이익, 총자본(총자산)의 크기를 누구라도 한눈에 파악할 수 있다.

수치만으로 이익률과 회전율을 설명하기보다, 그림을 보면서 설명하는 편이 내용을 더 명확하게 보여줄 수 있다. 그림으로 보면 매출액에 대해 이익(매출액이익률)을 얼마나 남기고 있는지 바로 이해할 수 있으므로 따로 설명하지 않아도 된다. 대차대조표와 손익계산서가 나란히 있기 때문에 회사의 재산 규모와 비교해서 얼마나 이익을 내고 있는지, 투자 효율(총자산이익률)이 좋은지 나쁜지도 한눈에 알 수 있다. 마찬가지로 매출액이 총자본의 몇 배인지도 비교할 수 있고, 기업의 활동 속도(총자본회전율)도 파악할 수 있다.

경영자는 다음 그림을 보기만 해도 회사가 잘 돌아가고 있는지 판단할 수 있다. 나는 지금까지 1,000명이 넘는 경영자들에게 이 그림을 사용해서 결산서를 설명했다. 그 결과 숫자에 약한 경영자들에게

대차대조표와 손익계산서를 그림으로 비교해서 본다

큰 호응을 얻었다.

회계담당자가 경영자에게 분석 결과를 보고할 때는 처음에 전체상을 알려주는 것이 중요하다. 먼저 대차대조표와 손익계산서를 1장으로 정리한 그림을 보여주며 전체를 이해시키면, 다음에 조금 더 깊이 있는 이야기로 넘어가기가 쉽다.

설명할 때는 금액을 1엔 단위까지 세세하게 이야기하기보다 'ㅇ억 엔' 'ㅇ백만 엔'과 같이 딱 떨어지는 숫자를 사용해서 경영자의 기억에 남을 수 있도록 한다. 숫자에 약한 경영자라 해도 익숙해지면 그림만 보고도 문제점을 파악할 수 있게 된다.

재무제표는 회계직원만 볼 줄 알면 된다는 식의 사고방식은 버리고, 앞으로는 경영자가 더 쉽게 이해할 수 있는 보고 방식을 연구하기 바란다. 이 한 가지 변화로 경영자는 회계담당자를 '장부를 기입하고 집계하는 직원'에서 '업무실적을 확인하고 이해하기 쉽게 알려주는 직원'으로 달리 인식할 것이다.

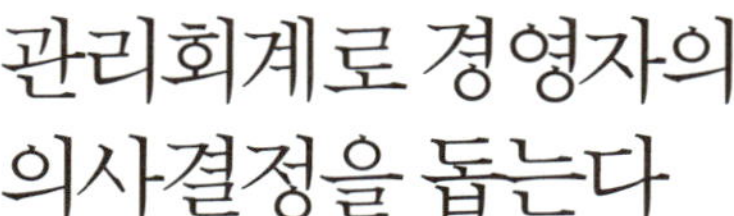

관리회계로 경영자의 의사결정을 돕는다

경영자가 현재 상황의 전체적인 그림을 파악했다면, 이제 내용을 깊이 있게 다루어보도록 한다.

경영자가 가장 중요하게 생각하는 이익에 초점을 맞춰 분석하면서, 경영자가 적절히 판단하고 행동으로 옮길 수 있게 함께 고민하는 것이다. 여기서 힘을 발휘하는 것이 관리회계적인 사고방식이다.

경영적으로 숫자를 보려면 이른바 재무회계(이해관계자에게 공표하기 위해 대차대조표와 손익계산서를 작성하는 것을 목적으로 한 회계)뿐만 아니라 관리회계(경영에 도움을 주기 위한 회계)의 견해가 필요하기 때문이다.

관리회계라 해서 어려운 내용을 공부해야 하는 것은 아니며, 책상에 앉아 공부해서 배울 수 있는 것도 아니다. 실무를 하면서 익혀 나가야 한다.

그러므로 처음에는 경영 분석 수치가 잔뜩 적혀 있는 회계자료는 사용하지 않는다.

아래 그림과 같이 손으로 직접 적으면서 이익 내용을 보고한다. 여기서는 컴퓨터에 있는 자료를 그대로 출력한 것이 아니라, 손으로 직접 쓴다는 부분이 중요하다. 기존에 있던 자료가 아닌, 자신이 고민해서 이해한 내용을 보고한다는 사실을 경영자에게 어필하기 바란다.

내용을 설명하면서 그림으로 그리는 과정을 보여주면, 다음부터는 경영자 스스로 그림을 수정하거나 처음부터 다시 그릴 수 있게 될 것이다. 나는 경영자에게 영업실적을 설명할 때도 그림을 그리면서 설명하는데, 종종 그 메모를 달라는 말을 듣는다.

이익을 결정하는 세 가지 요소

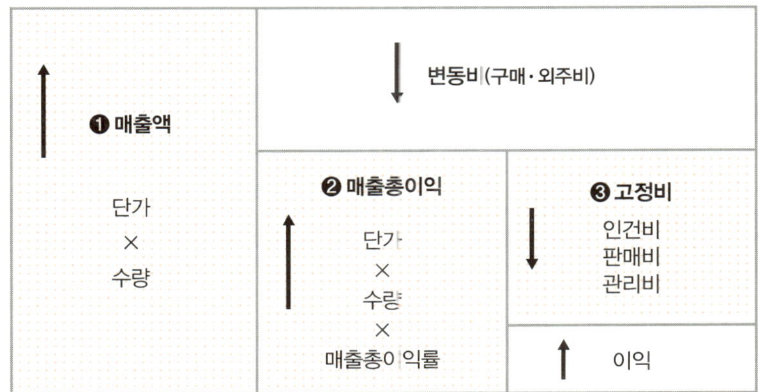

먼저 손익계산서를 보면서 오른쪽 아래 이익 란에 '경상이익' 금액을 써넣는다. 다음에 이익을 구성하는 세 가지 기본 요소인 매출액과 매출총이익, 고정비를 경영자와 함께 확인하면서 순서대로 적어 넣는다. 이때 기입하는 수치는 두 자릿수나 세 자릿수 정도가 적당하다. 관리회계에서는 숫자를 하나하나 맞추는 것이 목적이 아니고, 신속하게 전체를 파악하는 것이 목적이기 때문이다.

손익계산서 그림에 이익을 구성하는 수치를 적었다면, 다음과 같이 내용을 나눠서 수치를 써넣는다.

매출액＝단가 × 수량

매출총이익＝단가 × 수량 × 매출총이익률

단가를 고객단가로 분석할지, 상품단가로 분석할지는 회사에 따라서 다르다. 수량 역시 고객 수, 판매 횟수, 개수 등 다양하지만 기본적인 의미는 같다. 다만 회계 시스템 자료에서는 단가와 수량을 알 수 없으므로 영업부서의 매출 자료를 사용한다.

매출을 늘리려면 판매단가를 올리든가 아니면 판매수량을 늘리는 방법밖에 없다. 회사가 상품매매에서 얼마나 벌었는지를 나타내주는 매출총이익을 증가시키려면, 단가와 수량을 늘리거나 원가율을 내려 이윤 폭을 확대하는 수밖에 없다는 것은 경영자라면 누구나 충분히 알고 있는 사실이다.

이 보고의 목적은 경영자가 단가, 수량, 매출이익률 중 어느 것을 증가시킬지 고민할 때 도움을 주는 것이다.

마지막에 고정비를 인건비, 판매비, 관리비로 크게 분류하여 집계한 수치를 그림에 써넣는다. 이것은 경비를 회사에 이익이 남도록 적절히 분배했는지를 경영자에게 확인받기 위해서다.

'회사의 매출 규모에 비해 인건비나 관리비가 지나치게 많이 드는 건 아닌가?', '투입한 판매비는 매출 증가로 이어지고 있는가?' 등을 검증받는 것이다.

나중에는 경영자와 함께 단가, 수량, 매출총이익, 고정비를 세부 조정하면서, 전자계산기를 옆에 놓고 직접 매출과 매출총이익, 경상이익이 얼마나 달라졌는지 계산하도록 한다.

경영자가 펜을 들고 움직이기 시작하면 회계담당자의 임무는 완수되었다고 할 수 있다. 여기부터는 잠자코 가만히 있어도 경영자가 스스로 알아서 대책을 강구하고 각 부서에 지시를 내릴 것이다. 경영자는 개선해야 할 항목을 발견하면 이익을 추구하려는 욕구를 억누르지 못하는 특성이 있다.

회계담당자는 이렇게 집계한 수치를 경영자 입장에서 분석함으로써 경영자가 경영 실적을 개선할 수 있도록 도와줄 수 있다.

회계담당자의 과제❺ ➡ 전자계산기를 한 손에 들고 직접 손으로 쓰면서 분석한다.

화살표로 현금흐름을
설명한다

회사경영에 회계의 지원을 받지 못하는 경영자는 대체로 회계담당자를 경시하는 경향이 있다. 바꿔 말해서 사내에서 회계담당자의 위치가 낮은 회사는 경영자가 경영에 회계를 활용한 경험이 없고, 그런 시도도 하지 않는 회사이다. 이것은 회계담당자의 보고력이 부족한 탓이며, 모처럼 습득한 회계 기술을 경영에 활용하지 못하는 안타까운 상황이기도 하다.

경영자가 회계를 활용하고 못하고는 모두 회계담당자의 책임이다.

이익에 대해 분석하여 보고한 내용이 회사의 업무실적 개선으로 이어졌다면, 다음에 회계담당자가 할 일은 현금흐름의 개선이다.

이익 개선에 대해서는 경영자가 회계담당자보다 잘 이해하고 있으므로 설명에 그렇게 시간을 들이지 않아도 된다.

그러나 재무에 대해서 해박한 경영자는 많지 않기 때문에, 이해하기 쉽게 설명하는 것은 회계담당자의 몫이다.

솔직히 말해서 대차대조표(Balance Sheet)와 현금흐름(Cash Flow)을 경영자에게 설명하는 것은 나에게도 무척 힘든 일이었다. 그래서 조금이라도 이해를 도울 수 있도록 여러 가지 방법을 시험해본 결과, 역시 이것도 그림을 그려서 설명하는 것이 가장 효과가 있었다. 그것이 아래 있는 Cash·Balance & 흐름도이다.

보통은 직사각형으로 해서 좌우대칭으로 표시하는 대차대조표를 옆으로 기울여서 평행사변형으로 만든 다음, 그 위에 화살표를 그리

자금이 감소하는 원인을 그림으로 제시한다

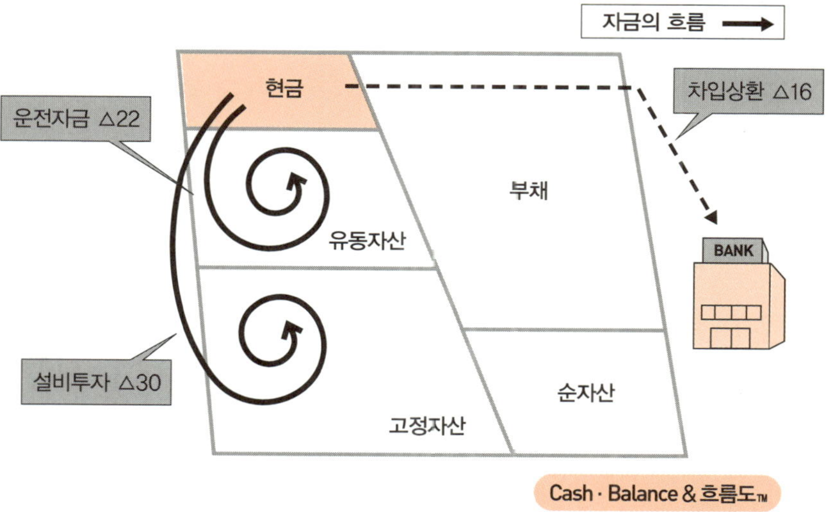

면서 자금의 흐름을 적어 넣는다.

그림에 나온 대로 회사 자금이 감소할 때는 균형을 왼쪽으로 기울이고, 반대로 자금이 증가할 때는 오른쪽으로 기울인다. 좌우 경사에 따라 회사 자금이 증가 추세인지, 감소 추세인지를 경영자에게 한눈에 전달할 수 있다.

이때 대차대조표와 현금흐름 계산서, 그리고 흰 종이와 연필만 있으면 된다.

처음부터 현예금의 잔액이 줄었다면 왼쪽으로 기운 평행사변형을 종이에 그린다. 다음에 원래대로라면 직선으로 그려야 하는 중심선을 왼쪽으로 더욱 기울어지도록 그린다. 마지막으로 왼쪽 자산 부분을 2개 선을 그려 3개 구역(현예금, 외상매출금·재고, 고정자산)으로 나누고, 오른쪽 부분을 부채와 순자산으로 구역을 나눠서 적는다.

그리고 현금흐름 계산서의 내용을 확인하며, 숫자를 적고 화살표를 그리면서 어디로 자금이 흘러 들어갔는지 경영자에게 설명한다. 특히 자금이 모여 있는 곳을 강조하고 싶을 때는 화살표를 둥글게 말아 돼지꼬리 모양 화살표를 그려서 경영자의 눈길을 끈다.

일반적으로 자금이 감소하는 원인을 보면 앞 페이지에 있는 그림처럼 된 경우가 많기 때문에, 외상매출금과 재고 증가, 설비투자로 인한 고정자산 증가, 차입금 상환, 이렇게 세 가지로 포인트를 좁혀 설명하는 것이 좋다.

Cash·Balance & 흐름도를 그리는 목적은 회사의 혈액이라 할 수 있는 자금이 어디서 막혀 있는지를 경영자에게 알려주는 것이다.

인간의 동맥과 정맥을 예로 들어, 건강한 기업체라면 흘러나가는 자금의 양과 들어오는 자금의 양이 균형을 이루어야 한다는 사실을 경영자에게 설명하면서 어디서 균형이 무너졌는지 함께 알아본다.

회사를 순환하는 자금의 흐름은 아래 그림과 같이 크게 5가지로 구분할 수 있으며, 이 중에서 어느 부분의 자금흐름을 개선할지 판단해야 한다.

결국 현금흐름을 개선하는 방법에는 이 5가지 자금흐름을 좋게 하는 것밖에 다른 방법이 없다. 그렇기 때문에 회계담당자가 자금흐름을 경영자에게 그림으로 설명하면, 컨설턴트에게 비싼 비용을 지불하지 않고도 문제점을 금방 찾아낼 수 있다.

현금흐름 개선을 위한 선택지를 제시한다

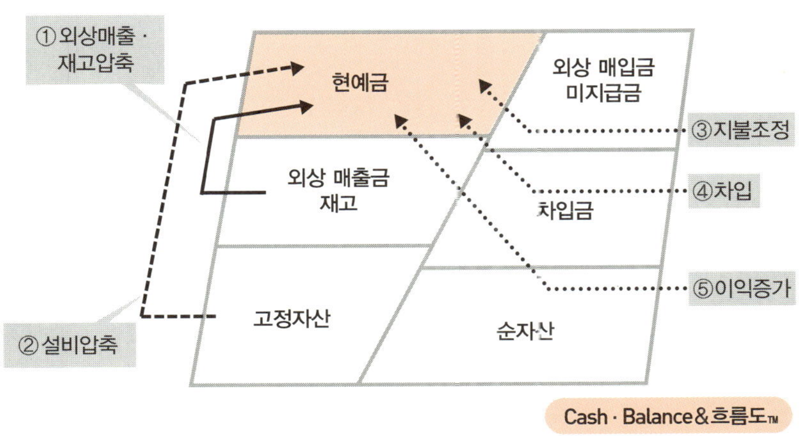

　‘현금흐름 개선 세미나’에서 경영자들에게 Cash·Balance& 흐름도를 그려보게 했더니, ‘지금까지 회계담당자가 재고자산에 대해 잔소리한 이유를 이제야 비로소 이해했다.’, ‘단기 채무를 상환한 탓에 자금 융통이 어려워졌다는 사실을 깨달았다.’라고 쓴웃음을 지으며 말했다.

　앞으로는 자금 융통 때문에 회계담당자 혼자 머리 싸매고 있지 말고, 경영자와 함께 그림을 보면서 고민하면 해결책이 보일 것이다.

　참고로 경영자에게 설명할 때는 자금이동표처럼 회계담당자가 항상 사용하는 어려운 자료는 피하는 것이 좋다.

　자잘한 숫자가 잔뜩 나열된 표를 보는 것만으로도 반감을 불러올 수 있고, 내용을 이해시키는 것 역시 상당히 힘든 일이기 때문이다.

　‘해서 보여주라, 말하여 들려주라, 시켜보라, 칭찬해주지 않으면 사람은 움직이지 않는다.’라는 유명한 말도 있듯이, 먼저 간단한 그림을 그리면서 설명해주고, 경영자가 스스로 화살표를 그리며 자금 흐름을 판단할 수 있게끔 해주는 것부터 시작하면 된다.

　경영자가 자금 융통과 관련해서 개선책을 내놓으면 꼭 잊지 말고 칭찬해주도록 한다.

> **회계담당자의 과제❻ ➡ 5가지 자금의 흐름을 그림으로 설명한다.**

사람들 앞에 설 기회를 스스로 만든다
PART2 보고력을 효과적으로 향상시키는 방법

관리직 연수의 일환으로 자사 회계부서 이외 과장급 사원을 외부 재무회계 세미나에 참석시키는 회사가 있다. 결산서 내용을 이해하지 못하는 관리직은 회사에 필요 없다는 의미일 것이다. 이런 회사의 방침은 대단히 훌륭하지만, 가능하다면 외부 사람이 아닌 자사 회계 담당 직원에게 관리직 회계 교육을 맡겼으면 좋겠다.

매년 신입사원 연수에서 회계담당 직원이 신입사원들에게 결산서 보는 법을 교육하는 회사가 있다. 이 연수는 가르치는 사람과 배우는 사람 모두에게 유익한 기회를 제공한다. 신입사원에게는 비즈니스맨으로서 필요한 최소한의 회계 기술을 익힐 수 있는 기회가, 회계담당 직원에게는 아무것도 모르는 신입사원에게 회계라는 전문적인 지식을 가르쳐줌으로써 스스로 성장할 수 있는 기회가 주어진다.

신입사원 연수에 참여하는 회계담당 직원은 자신이 하는 일을 다른 사람에게 이해시키기 위해 여러 가지 방법을 모색하면서 회계담당자로서의 역할과 중요성을 재확인하게 된다고 한다. 자신이 이해하지 못하면 다른 사람도 가르칠 수 없기에, 어떻게 보면 다른 사람을 가르치는 것이 최고의 학습법이라고 할 수 있다.

나 역시 회계세미나 강사로 일하면서 매번 새로운 것을 배운다. 다른 사람을 가르치면서 거짓말을 할 수는 없기에 미리 공들여 세미나 준비를 하는데, 교육 내용을 요약하면서 생각을 정리하기도 하고, 프레젠테이션을 준비하면서 이해하기 쉽게 전달하는 방법을 연구하기도 한다.

실제로 사람들 앞에서 강연을 해보면 전달하고 싶은 내용 중에 반도 제대로 이해시키지 못하는 경우가 자주 있다. 하지만 모두 공부라 생각하고, 강연회 횟수를 거듭할수록 조금씩 나아지는 것을 느낄 수 있을 것이다. 처음부터 능숙하게 할 수 있는 사람은 세상에 아무도 없다.

잘 가르치는 사람들의 공통점은 ①사람들 앞에 설 기회를 자주 만든다, ②언제나 정보를 새롭게 갱신한다, ③준비와 예행연습을 거르지 않는다, 이 세 가지이다.

발표할 기회가 없으면 공부를 게을리하게 된다. 그러니 처음에는 매월 월례 업무실적 보고회에서 현재 상황을 이해하기 쉽게 설명하는 것부터 시작하자.

적극적으로 나서서 사내연수의 강사 역할을 맡는 것도 좋은 방법이다. 기업의 회계담당자 중에는 정기적으로 임원이나 사원들을 대상으로 '결산서 보는 법'이나 '관리회계', '현금흐름 경영'과 같은 주제로 작은 공부모임

을 열어서 주변 사람들의 열렬한 호응을 받고 있는 사람도 있다.

강연 내용은 신문과 잡지를 스크랩해 두었다가 가능하면 주변에서 접할 수 있는 친근한 내용을 중심으로 설명하는 것이 좋다. '최근 환율 변동이 자사의 이익에 얼마나 영향을 미치는가?' '은행이 쉽게 대출해주지 않으면 회사 자금 융통은 어떻게 되는가?' 이처럼 자신들과 관련이 있음을 실감하면, 사원들의 경영재무에 대한 관심은 높아지게 되어 있다.

회사 안에서 강습회를 열면 업무실적이나 재무 등에 대해서 모르는 부분을 회계담당자에게 직접 물어볼 수 있다는 좋은 점이 있다.

회계담당자는 다른 사원들에게 '왜 결산 시기가 다가오면 재고를 줄이는가?', '왜 구입하지 않고 임대해서 사용하는가?' 와 같은 소박

한 질문을 받음으로써 자신의 보고력 수준을 시험해볼 수 있다. '여태껏 그렇게 해왔으니까' 라고 대답한다면 회계담당자로서의 존재가치를 스스로 부정하는 것과 다름없다. 회계담당 직원은 그 질문이 의도하는 바를 잘 파악하여, 경영적인 혹은 회계적인 근거를 바탕으로 내용을 정리하고, 초보자도 납득할 수 있도록 이해하기 쉽게 전달하는 연습을 해야 한다. 그 과정에서 본인도 자연스럽게 성장한다.

실제로 회사 내 공부모임의 강사를 맡은 회계담당 직원은 참가자들에게 감사 인사를 받으면서 '어떻게 보면 가장 많이 배운 사람은 나 자신이다.' 라는 생각을 갖는다.

> **회계담당자의 과제❼ ➡ 다른 사람에게 회계를 가르치면서 회계를 배운다.**

경영자를 위한
업무실적 보고서를 작성한다

회계담당자의 특징 중 하나가 숫자에는 강한데 문장에는 약하다는 것이다. 회계담당 직원이 업무를 보면서 손으로 숫자를 쓰지 않는 날은 하루도 없지만, 원고지 1장이 넘는 문장을 쓰는 일은 거의 없다.

그만큼 보고서를 작성하는 일이 어렵게 느껴지겠지만, 그래도 경영자를 위한 영업실적 보고서를 작성해보도록 하자.

회계담당 직원은 매월 숫자를 집계해서 그 결과를 대차대조표와 손익계산서 형식에 맞춰 정리하고, 그것을 보고할 때는 계산값 이외에 기재하지 않은 내용은 말로 보충설명을 한다. 그래서 문서로 작성하여 보고하는 데 익숙하지 않다.

말로 설명하는 데 익숙해지면 점차 보고 내용이 소홀해지게 된다. 다소 엉뚱한 말을 해도 녹음을 하지 않는 이상, 말은 입에서 나온 순간 사라지므로 전달 내용에 책임을 지지 않게 되기 때문이다.

생각하지 않고 일을 하게 되면 머리를 쓰는 것 자체가 귀찮아지고, 사고능력이 점점 저하되면서 결국에는 성장이 멈추게 된다.

그렇게 되지 않도록 보고할 내용을 자기 나름대로 깊이 생각하고, 정리한 다음에 이야기하는 습관을 기르도록 하자. 그러면 문장을 적을 때도 도움이 된다. 익숙해지기까지 다소 시간이 걸리겠지만, 머지않아 1시간 만에 보고서 1장을 요령 있게 작성할 수 있게 될 것이다.

실적보고 내용을 종이 1장으로 정리하는 것은 보고를 받는 경영자에게도, 보고하는 회계담당자에게도 모두 도움이 된다.

경영자에게 업무실적을 보고할 때 간단히 정리된 보고서가 있으면, 전달할 내용을 확인하면서 보고할 수 있기 때문에 틀릴 염려가 없다. 또한 보고를 받는 경영자도 설명을 들으면서 핵심이 되는 부분에 표시를 하거나, 자신의 생각을 종이 여백에 적을 수 있어, 대강 설명을 들은 다음 질문하거나 자신의 의견을 말하기 쉽다. 더불어 대화 내용이 더욱 깊어진다.

능숙하게 정리한 보고서는 경영자가 다른 사람에게 업무실적을 설명할 때 자료로 사용할 수도 있다. 그런 상황에 대비해서 보고서 문장을 정리한다면 당신에 대한 평가는 높아질 것이 틀림없다.

물론 처음부터 경영자가 만족할 만한 보고서를 작성하기는 힘들다. 처음에는 견본을 보고 그대로 따라하면서 정리 방법을 익히도록 한다. 보고서의 기본 형식을 비롯해서 관련 내용을 암기하는 것이 결국 가장 효율적인 학습법이다. '모방은 학습의 기본이다'라는 말이 있듯이, 앞서간 선배들이 남긴 최선의 방식을 따라하면 시행착오를 겪으며 낭비하는 시간을 절약할 수 있다.

업무실적 보고를 문서로 정리한 대표적인 예를 찾자면 유가증권 보고서를 들 수 있다. 상장기업의 유가증권 보고서는 인터넷에서 검색하면 간단히 손에 넣을 수 있으므로, 가능하면 동종업계의 유가증권 보고서를 몇 개 찾아서 읽어보기 바란다.

유가증권 보고서는 몇 십 페이지에 달하지만 그중에서 견본으로 삼을 내용은 '업무실적 상황'과 '현금흐름 상황'이라는 표제가 붙은 2~3장뿐이다. 실제로 읽어보면 보고서 내용이 어느 회사나 틀에 박혀 있다는 사실에 안도할 것이다.

보고서를 작성할 때 다음 두 가지를 참고하기 바란다.

① 잔뜩 나열된 숫자 중에서 포인트를 어디에 둘 것인가?
② 숫자와 기업 활동을 어떻게 연관 지어 의미를 부여할 것인가?

기업 활동의 성과를 숫자와 문장으로 정확히 표현할 수 있다면 회계담당자로서 충분히 제 몫을 하고 있다고 할 수 있다.

> **회계담당자의 과제❽ ➡ '커닝'을 해서 보고의 기본 형식을 배운다.**

긍정적인 피드백은 칭찬으로, 부정적인 피드백은 숫자로

회계담당자가가 하는 보고는 어디까지나 결과에 대한 피드백이다.

회계담당자의 분석 결과가 아무리 옳다 해도, 경영자나 현장에 있는 직원들에게 '잘못됐으니까 개선해주십시오.' 라는 태도를 취했을 때 순순히 받아들여지는 일은 거의 없다. 심한 경우에는 거부당하거나 무시당하는 일도 있다.

회사 조직에서 명령과 지시는 경영자나 담당관리자의 소임이다.

그렇다고 해서 '어차피 말해 봤자 달라지는 건 아무것도 없다. 그런데 말해서 뭐하나' 라고 생각하는 것은 바람직하지 않다.

피드백의 기본은 거울이 되는 것이다. 경영자나 현장직원은 자신들의 활동이 회사 전체에 어떤 영향을 미치는지 잘 모르는 경향이 있다. 활동 결과를 반영하여 다양한 각도에서 본인에게 피드백할 수 있는 사람은 회계담당자뿐이다.

특히 다른 부서 사원들이 스스로 깨닫기 어려운 부분을 알려주는 것은 회계담당자의 중요한 역할이다. 대부분의 사원들은 자신이 벌어들인 판매금액이나 사용한 경비는 잘 알고 있어도, 차입금 상환이나 이자지급, 설비투자 뒤의 감가상각비, 이런저런 사회보험료 같은 비용에 대해서는 잘 모른다. 회계담당 직원은 회사의 보이지 않는 부분까지 포함해서 전체를 투영해줘야 한다. 많은 사원이 '나는 급여 이상으로 수익을 올리고 있으니, 당연히 보너스를 더 받아야 한다.' 라는 착각을 한다.

회사가 부담하고 있는 간접비용을 각 부서에 배분하여 보여주면, 사원들은 회사의 유지존속 비용을 다 같이 부담하고 있다는 사실을 깨닫게 될 것이다.

그러면 이제부터 업무실적 결과나 재무 상태를 피드백할 때 도움이 되는 전달 방법을 소개하겠다. 참고로 말하면 전달할 내용이 부정적이냐 긍정적이냐에 따라 전달 방법이 달라진다.

부정적인 내용을 전달할 때는 지적하는 쪽이나 지적당하는 쪽이나 모두 기분이 좋지 않으므로, 부연 설명이나 의견 없이 숫자만으로 사실을 전달한다. 숫자는 정직하기 때문에 좋은지 나쁜지를 한눈에 알 수 있다. '이번 달 광고비가 다른 때보다 20퍼센트 증가했습니다.' 라고 말을 하면, 누구나 이 말이 광고를 한 뒤에 업무실적이 어떻게 달라졌는지를 묻는 의미라는 것을 안다. 그러므로 회계담당자는 그 이상의 말을 할 필요가 없다.

반대로 긍정적인 내용을 보고할 때는 설명을 덧붙여서 전달하도록 한다. 나아가 자신의 감정도 함께 표현하면 공감대가 형성되어 그 감정을 회사 전체가 공유할 수 있다. 예를 들어 업무실적 보고회의에서 '하반기는 불경기로 매출 증가를 기대하기 어려운 상황이었는데 영업부가 판촉비용을 축소해준 덕분에 이익을 10퍼센트 향상시킬 수 있었습니다. 회계담당자로서도 자금 융통이 좋아져서 한시름 덜었습니다.'라고 기분 좋은 얼굴로 보고한다. 그러면 경영자 앞에서 숨겨진 노력을 인정받은 영업부장 역시 기뻐할 것이다.

중요한 것은 잘못된 점을 찾아서 지적하는 것이 아니라, 잘한 점을 발견하여 공감하는 것이다. 대부분의 사람은 결점을 지적당하면 고치려 하

회계담당자는 거울이 되어 결과를 투영시켜준다

기보다 감추려 한다. 반대로 잘해서 칭찬을 받으면 누구나 기쁨을 느끼고 더욱 노력해야겠다는 마음을 갖게 된다.

그렇게 하기 위해서 회계담당자는 많은 자료를 다양한 각도에서 살펴보고, 변화를 감지할 줄 아는 눈을 길러야 한다. 나쁜 실적에 대해 책임을 추궁할 것이 아니라, 성과가 올라간 부분을 인정해주고 계속 열심히 일할 수 있게 응원해주도록 한다.

피드백의 목적은 하나의 골대를 향해서 회사 전체가 한 몸이 되어 전진하는 것이다.

회계사무소 유용하게 활용하는 법 (보고력 편)

경영자에게 업무실적을 보고하는 방법 역시 회계사무소의 방식을 참고하면 좋을 것이다.

회계사무소 직원들은 혼자서 몇 십 건의 거래처를 담당하기 때문에 매달 다양한 회사의 경영자에게 월례나 결산 보고를 한다.

여러분 회사의 고문을 맡고 있는 회계사무소 담당자 역시 회사의 업무실적 내용을 확인하고 재무 상태를 분석해서 경영자에게 보고할 것이다.

어차피 회사에서 매달 고문료를 지불하고 있을 테니, 이 기회에 업무실적을 보고하는 노하우를 배워보도록 하자.

① 경영자에게 보고하는 자리에 동석한다

회계사무소 직원이 경영자에게 보고하는 자리에 반드시 동석하도록 한다.

어떤 자료를 만들며, 어디에 초점을 두고 말을 하는지 옆에서 메모하며 듣는 것만으로도 훌륭한 공부가 된다.

나아가 회계사무소 담당자와 경영자 사이에 오가는 대화를 들으며 경영자가 지금 강한 흥미를 보이는 부분이 어디인지, 예를 들어 매출인지 이익인지, 비용 삭감인지 자금 융통인지 등을 직접 피부로 느껴보기 바란다.

다른 사람의 결점은 유난히 눈에 잘 들어오기 마련이다. 다른 사람이 보고하는 모습을 보면서 타산지석으로 삼아, '빙 돌려서 말하지 말고 구체적으로 말하자', '사장은 성격이 급한 편이니까 결론부터 말하자' 와 같이 자신의 보고 스타일을 거선하도록 한다.

② 업무실적 보고서를 작성하고 첨삭을 받는다

회계사무소 담당자와 친밀해지면 여러 가지 충고를 들을 수 있다. 회계사무소 담당자 중에는 자신이 공부한 내용을 다른 사람에게 가르쳐주는 것을 좋아하는 사람이 많다.

그러니 매달 경영자에게 보고하러 가기 전에 당신이 작성한 업무실적 보고서를 그에게 보여주고 '이 내용대로 사장님께 보고하려는데 보시기에 어떤가요?' 라고 의견을 물어보도록 한다.

　　외부 전문가의 의견에 귀를 기울이면 매너리즘을 방지할 수 있고, 자신의 편향적인 사고에서 벗어날 수 있다.

> **회계담당자의 과제⑩ ➡ 회계사무소 담당자를 가정교사로 삼는다.**

복식부기의 직접적인 효과는 유럽 상인들이 거래를 숫자로 정확하게 기록하여 그것을 알기 쉽게 배열함으로써, 급격하게 변동하는 경제 정세의 여러 요소를 이해할 수 있게 되었고, 나아가서는 제어도 할 수 있게 되었다는 것이다.
– 앨프리드 W. 크로스비

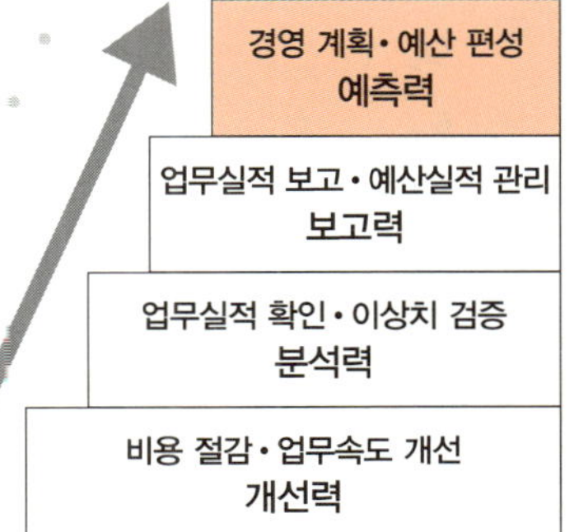

성공의 열쇠를 쥐고 있는 회계담당자의 역할

회계담당자에게 필요한 능력 중에 가장 어려운 것이 앞날을 예측하는 능력이다.

일상적으로 회계담당자가 하는 일은 확정된 과거의 자료를 정해진 규칙대로 처리하는 것이므로 답이 정해져 있다. 그에 비해 앞날을 예측하거나 계획하는 일은 정해진 답이 없다.

미래에 발생할 일을 정확히 예언할 수 있는 사람은 아무도 없으며, 예측한다 해도 주변 상황이나 조건에 따라 떠올릴 수 있는 답은 여러 가지이다.

그렇다고 예측해도 그대로 된다는 보장이 없기 때문에 계획을 세울 수 없다는 생각을 갖고 있다면, 새로운 것을 만들지 못한다.

비즈니스에는 언제나 새로운 도전이 따르기 마련이다. 그렇기 때문에 계획을 세우는 것이 모든 비즈니스의 기본이다.

미지의 사업 활동에 대해서 심사숙고하여 계획하고 실행하는 것이 경영이다.

사업 활동에서 PDCA 사이클의 처음인 'Plan(계획)' 없이는 아무것도 시작할 수 없다. 'Plan' 에 의해서 사업이 정의되기 때문이다.

'Plan' 에서 회계담당자가 기여할 수 있는 것은 경영 계획을 자금면에서 검증하는 일이다. 그리고 실행예산을 편성하여 필요한 자금을 조달하면서 적절하게 자금을 배분해야 한다.

기업이 달성하고자 하는 목표를 실현하기 위해서 필요한 자금과 시간을 계산하고 예산을 세움으로써 꿈은 계획으로 변한다. 계획이 구체적으로 된 만큼 실현 가능성은 높아지고, 달성 속도는 빨라

회계담당자가 장래 성공의 열쇠를 쥐고 있다

진다.

회계담당자가 회사 성공의 열쇠를 쥐고 있는 셈이다.

여행을 예로 들어보자. 여행하면 먼저 어디에 가서 무엇을 하고 싶다는 욕구가 생겨난다. 가고 싶은 장소에 대한 정보를 수집하면서 머릿속으로 여행하는 모습을 떠올리며, 언제쯤 누구와 며칠 동안 갈 것인지 구체적인 여행 계획을 세우기 시작한다.

여행 계획을 세울 때 꼭 필요한 것이 자금이다. 무엇을 하든지 돈은 제약조건이 되기 때문이다. 여행에서 얼마나 쓸 것인지를 정하지 않으면 여행 계획을 구체적으로 세울 수 없다. '비행기로 갈 것인가, 열차나 버스를 타고 갈 것인가', '식사와 흐텔에 비중을 둘 것인가, 아니면 무조건 싼 곳으로 할 것인가' 등 모든 것이 예산에 달려 있다. 사람에 따라서 우선적으로 생각하는 바가 다르겠지만, 예산의 전체 범위는 정해져 있으므로 숙박에 돈을 들인다면 식사와 교통비를 줄여야 한다. 결국 예산이 우선순위를 정하는 셈이다.

수중에 자금이 충분히 있으면 바로 여행을 떠날 수 있지만, 자금이 부족한 경우에는 어딘가에서 조달해야 한다. 자금을 조달할 수 없는 경우에는 여행 경비를 줄이거나, 목적지를 변경하거나, 아니면 여행 자체를 연기 혹은 단념해야 한다.

개인 여행이라면 맨 몸으로 떠나 고생하는 여행도 즐거울지 모른다. 하지만 기업경영의 경우는 자금이 바닥을 드러낸 그 시점이 바로 도산이다.

비즈니스를 성공시키는 데 있어 계획이 얼마나 중요한지에 대해서는 새삼 말할 필요가 없다. 계획을 실행하기 전에 중간에 자금 부족 사태가 발생하지 않는다는 확신이 있어야 목표 달성이 가능하다.

회계담당자의 과제❶ ➡ 예산을 편성하면서 회사의 꿈을 형태로 만든다.

예산이 행동을
구체화한다

여행이든 비즈니스든 실행으로 옮기기 전에 가능한 한 구체적으로 이미지화하면 실패할 확률이 줄어든다. 실제로 행동하기 전에 계획표대로 움직이는 모습을 머릿속으르 그려브면, 사전에 필요한 것을 예측할 수 있기 때문에 무언가를 빼놓거나 잊어버릴 염려가 없다.

가능한 한 정보를 많이 수집하고 조사한 자료를 바탕으로 선택의 폭을 넓힌 다음, 그중에서 가장 최선의 것을 선택하도록 한다.

이때 예산을 산정하면 행동을 구체화할 수 있으므로, 숫자를 명시한 계획을 세우는 것이 중요하다. 예를 들어 닥연히 '최대한 많이 판매하고 싶다.' 가 아니라 '이 상품을 하루에 200만 엔어치 팔겠다.' 라고 숫자를 구체적으로 정해야 비로소 누가, 어디서, 어떻게, 몇 개를 판매할지가 정해진다.

예산금액을 정확히 제시하면 계획을 수행하는 사람들은 인식을 공유하게 되고, 그 범위 안에서 가장 효과적인 방식으로 자금을 사용하고자 애쓴다.

그리고 예산에 맞춰 숫자를 적다 보면 전체적인 관계가 보인다.

성과를 거두기 위해서는 필요한 자원에 자금을 많이 배분해야 하는데, 숫자를 두고 예산안을 편성하고 검토하는 단계에서 꼭 자금이 부족해지는 사태가 발생한다. 그것은 성과를 내지 못하는 곳에 자금과 시간을 낭비했기 때문이다.

비즈니스 세계에서는 자금을 회수할 수 없는 사업에 누구도 자금을 제공하지 않는다. 사업의 성과를 고려해서 자금과 시간을 배분할 필요가 있다.

이렇게 예산을 산정하는 과정에서 회사 전체의 균형을 확인한 뒤에는 여러 사안을 조정하는 업무에 참여하게 된다. 이 단계부터 서서히 경영 계획에 참여한다는 기분을 강하게 실감할 수 있다.

회계재무담당자로서 기업의 장래를 책임질 경영 계획 책정에 관여하게 되면, 분명히 지금까지 느끼지 못했던 보람을 느낄 것이다. 한편으로는 회사의 장래를 좌우하는 업무를 맡게 된 것이므로 막중한 책임감을 느끼게 된다. 업무의 중요성과 책임의 무게는 비례하기에 당연한 일이다.

왜 지금 예산을 산정할 줄 아는
인재를 원하는가?

최근에는 어떤 회사에서나 프로젝트에 근거한 업무가 증가했다. 대기업뿐만 아니라 중소기업도 마찬가지이다.

경제가 변화하는 속도가 빨라지고 경기 변동이 급격해진 탓에, 1년 전 혹은 반 년 전에 하던 일을 똑같이 하고 있어서는 살아남을 수 없기 때문이다.

경제성장 시대에는 모든 회사가 상승 곡선을 그리는 장기 계획을 세웠으며, 회계는 전기(前期) 예산을 10퍼센트 늘려 산정했고 그것을 달성했다.

하지만 경제 정세가 변한 지금은 10년 이상 장기 계획을 세우는 회사는 거의 없다. 10년 뒤에 회사가 어떻게 되어 있을지는 아무도 모르기 때문이다.

경영 계획의 흐름은 장기에서 2~3년 중기 계획으로 바뀌었다. 그것도 한 번 작성한 계획을 그대로 유지하는 것이 아니라 경제 정세나 경영 환경이 변화하면 그때마다 계획을 변경한다. 상황이 변하면 이전에 편성한 예산은 소용이 없기 때문이다. 사분기마다 계획을 재검토하고 거기서 다시 새롭게 다가올 1~2년 동안의 계획을 수정하는 롤링(rolling) 방식을 채용하는 회사도 있다.

시장 환경과 노동 상황, 금융 정세의 변화에 맞춰 비즈니스 방식을 바꿔야 하므로 그때마다 회사 안에 새로운 프로젝트가 생긴다. 기존의 조직이나 체제를 처음부터 수정하는 것이 아니라, 새로운 프로젝트 몇 개를 동시에 가동하면서 환경 변화에 맞추는 형태를 모색해가고 있다.

회계담당자도 이전에는 1년에 한 번 예산을 편성하여 매달 그 예산이 계획대로 실행되고 있는지만 확인하면 되었지만, 지금은 상황이 완전히 달라졌다.

연간 몇 개나 되는 신규 프로젝트가 생겨나기 때문에 회계담당자는 그때마다 프로젝트 책임자에게 예산 편성을 위해 불려 다녀야 한다. 그중에서 성공하는 프로젝트는 정말 극히 소수에 불과하다. 대부분의 프로젝트는 중간에 사라지고, 어딘가에서 다시 새로운 프로젝트를 추진하는 일이 반복된다.

이것은 마치 사내에서 벤처 비즈니스 몇 개를 동시에 시작하는 것과 같다. 회계담당자에게는 지금까지 해오던 회사 전체와 부서별 업무실적을 확인하는 업무 외에 새로운 일거리가 그때마다 추가되는 셈이다.

각 프로젝트 매니저에게 예상되는 투자 규모나 체제, 경비를 확인하고, 수입과 지출을 예측하여 예산을 편성한다. 프로젝트가 시작되면 자금을 조달하여 필요에 따라 배분하고, 그 결과를 집계해서 피드백하는 일이 일상적인 업무가 되었다.

여기서 유의해야 할 점은 결과를 집계해서 피드백해주는 사후 처리보다, 새로운 프로젝트가 가동되기 전 준비 단계가 더 중요하다는 사실이다. 회사는 제안된 수많은 신규 프로젝트 중에서 어느 것을 우선 실행할지를 정해야만 한다. 이때 회계담당자는 시뮬레이션을 통해 경영자의 판단을 도울 수 있다.

그래서 기업에서는 회사 전체의 균형을 고려하여 '신규 프로젝트에 어느 정도의 자금을 배분할 것인지', '회수 가망성이 없는 경우, 어느 시점에서 철수할 것인지' 등에 대해서 경영자가 올바른 의사결정을 할 수 있도록 판단 자료를 제공해주는 회계담당자를 필요로 한다.

회계담당자가
예측해야 할 리스크란?

사업 내용에 변화가 없는 기업이나 규모를 크게 확장하지 않는 기업에서 근무하는 회계담당자는 대개 예측력이 그리 높지 않다.

일상적으로 리스크에 대비한 트레이닝을 하지 않았기 때문이다. 리스크를 관리할 수 있는 사람과 리스크 자체를 인식하지 못하는 사람 사이에 차이가 나는 것은 당연하다.

금융과 경제 정세가 급격하게 변화하는 요즈음, 모든 일이 지금까지와는 다르게 진행되고, 어느 회사나 새로운 계획과 예산을 산정해야 하기 때문에, 예측력의 차이가 유독 겉으로 드러나게 되었다.

계획을 세우거나 예산을 편성할 때 피할 수 없는 것이 리스크이다. 리스크를 얼마나 예측할 수 있느냐에 따라서 새로운 비즈니스의 실행 가능성이 높아진다 해도 과언이 아니다. 반대로 회계부서가 리스크를 너무 두려워한 나머지 새로운 도전을 반대하는 기업은 실패할 확률이 적은 만큼 성장이 늦어진다.

리스크의 정도를 적절히 평가하고, 발생 가능성이 높은 리스크에 어떻게 대처해 목표를 달성할 것인지를 예측하는 것이 회계담당자의 중요한 역할이다.

그러면 회계담당자가 관리해야 할 리스크에는 어떤 것이 있을까? 회계담당자가 관리해야 하는 최대의 리스크는 자금 부족이다. 자금 부족은 곧 도산을 의미하기 때문이다.

회계담당자는 자금 부족을 야기하는 리스크 요인을 파악하여 항상 감시해야 한다. 상황은 언제 바뀔지 모르며, 상황이 변하면 변화에 맞춰 다시 예측을 해야 한다. 비즈니스 환경이 급격히 변화하는 시대, 회계담당자는 언제나 자금 부족 리스크에 관심을 갖고 지속적으로 관리해야 한다.

자금 부족으로 이어지는 리스크 요인은 크게 5가지로 나눌 수 있다.

① 외상매출금·재고 증가

② 과잉 설비투자

③ 입금·지급 결제기한의 불균형

④ 자금 조달의 악화

⑤ 적자 누적

우량기업과 그렇지 못한 기업의 차이는 리스크 파악과 그 대처 방식에 있다. 우량기업은 5가지 리스크 요인에 대해서 기준을 설정하고, 언제나 리스크를 최소한으로 즐이기 위해 노력한다. 회계담당자는 사업 계획을 목표대로 달성하기 위해 상정된 리스크를 사전에 모두 찾아내 리스크가 미치는 영향을 미리 파악하고, 대응책을 사전에 강구해 놓는다. 게다가 대응책은 한 가지가 아니라 몇 가지를 준비하여 구조적으로 피해가 확대되는 일이 없도록 한다.

중소기업 중에는 사업 계획이나 예산 계획을 제대로 세우지 않는 회사가 많이 있다. 그런 회사는 매년 같은 일을 반복하기 때문에 계획이나 예산 편성을 새로이 하지 않아도 각자 해야 할 일이 무엇인지 알고 있어 전혀 곤란해 하지 않는다.

그러나 경제 정세의 변동이 심하진 지금, 미래의 리스크를 예측하지 않은 채 회사를 경영하는 것은 대단히 위험하다. 위기를 느낀 다음에야 당황해서 대책을 강구한다면 이미 때는 늦다.

앞으로 다가올 격동의 시대에는 회계담당자가 미래의 리스크를 예측하고, 자금 부족이 발생하지 않도록 자무를 관리하는 회사만이 살아남을 수 있다.

> **회계담당자의 과제❹ ➡ 서바이벌 체제에서 리스크 감지용 안테나를 세운다.**

세 가지 트렌드를 보면서
자금을 융통한다

회계담당자가 현재 상태를 잘못 인식하면 자금 예측을 제대로 할 수 없다. 현재 비즈니스 환경에서 다음 세 가지 트렌드로 분류해서 살펴보도록 하겠다.

첫 번째는 경기 변동의 움직임이다.

고도성장 시대에는 시장 확대를 목표로 설비투자가 왕성하게 이루어지고, 그에 맞춰 주식투자와 은행융자에도 적극적이었다. 그러나 현재와 같이 경기가 하강국면일 때는 완전히 바뀌어서 수축되는 경향이 있다.

기업의 재무책임자와 대화를 나눠보면 경기 움직임에 대단히 예민한 것을 알 수 있다. 그들이 정보를 주로 어디서 수집하는지 궁금해 물어보았더니, 신문이나 경제정보지에서 얻는 경우가 많았다.

두 번째가 업계와 지역의 동향이다.

경기의 좋고 나쁨은 업종과 업태에 따라서 경향이 다르다. 불황에 강한 업종이 있는가 하면, 경기는 좋아도 기술혁신의 속도가 빨라 경쟁에 뒤지면서 도태되는 업태도 있다. 또한 지역에 따라서도 경제 동향은 크게 다르다.

회계담당자로서 업계 동향이나 지역경제의 정세를 알아두는 것

트렌드를 피부로 느낀다

도 중요하다.

정보 입수처는 업종과 지역에 따라서 여러 곳이 있겠지만, 업계 전문지나 업계와 지역경제의 포털 사이트를 이용하는 사람이 많은 듯하다.

생생한 목소리를 듣는 것도 효과적이므로 가능하면 경영자와 함께 업계단체의 회합에 참석하거나, 은행과 상공회의소 등에서 개최하는 연수에 참가하기 바란다. 특히 회계담당 직원은 외부의 정보를 피부로 직접 느낄 기회가 적기 때문에 의식적으로 회사 밖의 공기를 접할 수 있는 시간을 갖도록 한다.

트렌드 인식의 세 번째는 회사의 라이프 사이클이다.

'기업의 수명은 30년'이라는 말이 있듯이 기업도 생명이 있기에 성함과 쇠함이 있다. 회사의 라이프 사이클은 경제 환경이나 업계 동향과 같은 외부 요인에 큰 영향을 받는다. 회사의 역사나 기풍, 경영자와 사원의 평균 연령, 신제품과 새로운 서비스의 개발 사이클 등을 보면 자사의 라이프 사이클을 알 수 있다.

일반적으로 회사의 라이프 사이클은 다음 페이지의 그림과 같이 창업기, 성장기, 안정기, 쇠퇴기 4단계로 분류된다. 라이프 사이클에 따라서 자금 융통 방식이 달라지므로, 회계담당자는 현재 회사가 어느 위치에 있는지 파악하고 있어야 한다.

창업기와 성장기에 속하는 상승세인 회사의 회계담당자는 언제

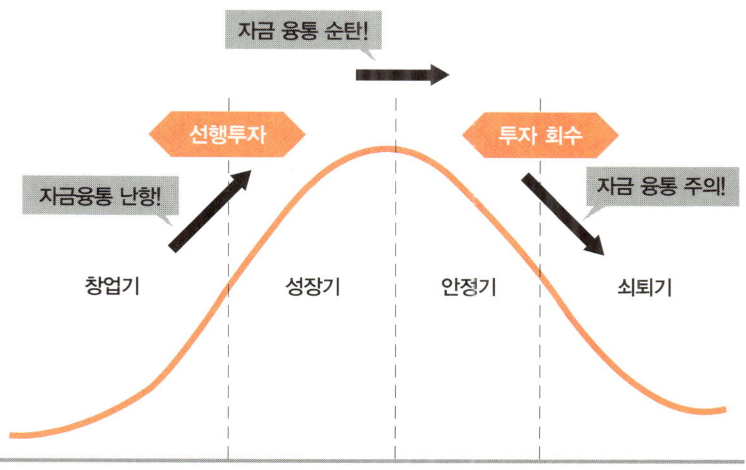

나 자금 융통을 위해 바쁘게 뛰어다녀야 한다.

회사를 막 설립했을 때는 판매대금이 들어오면 바로 지급해야 하므로 계속 자금을 조달해야 하는 상태이다.

성장기에 들어서면 자금 융통은 안정기에 접어들거나 혹은 조금 더 어려워진다. 사업규모 확대를 위해 선행투자가 계속되기 때문이다. 회계담당자는 은행에서 돈을 빌리기 위해 분주하고, 자금을 제공해줄 투자가를 찾아다녀야 한다. 산더미 같은 청구서 지불과 쌓여가는 차입금 상환을 조정하느라 눈코 뜰 새 없이 바쁜 하루하루를 보낸다.

성장 곡선이 완만해지기 시작하는 안정기에 들어서면, 드디어 자금 융통 걱정에서 해방된다. 그 이상 수주를 기대하기 어려워지면 투자를 멈추기 때문에 새로이 자금을 조달할 필요가 없어진다.

평온한 안정기는 안타깝지만 오래 지속되지 않는다. 성장이 멈추면 그 시점부터 쇠퇴가 시작되기 때문이다. 안정기 동안에 투자한 금액만큼 회수하지 못하면, 수입은 줄어드는데 차입금 상환만 남아 있어서 또다시 자금 융통이 힘들어진다.

이와 같이 회계담당자는 ① 글로벌한 시점에서 국내 경제의 경기 변동에 주목하면서, ② 지역과 업계의 변동에도 꾸준히 관심을 갖고, ③ 회사의 라이프 사이클에 맞춘 자금융통을 해야 한다.

> **회계담당자의 과제❺ ➡ 넓은 시야로 주기(週期)를 관찰한다.**

3점 견적법으로
자금을 관리한다

기업이 자금 운용에 실패하면 도산으로 이어진다. 도산은 다음 세 가지 자금을 잘못 관리했을 때 일어난다.

① 비용 관리

② 운전자금 관리

③ 설비자금 관리

그러므로 회계담당자는 이 세 가지 자금만 제대로 관리하면 된다.

제3장(분석력)에서 본 대로 ① 비용 관리는 월례 손익관리만 정확히 하고 있다면 굳이 다른 확인 작업을 하지 않아도 비용 낭비를 감

시할 수 있다. ② 운전자금 관리도 매달 운전자금의 균형을 확인하고 있다면 외상매출금과 재고의 이상치(異常値)를 파악할 수 있기 때문에 문제가 커지기 전에 인식할 수 있다.

문제는 ③ 설비자금 관리이다.

설비투자는 금액이 크기 때문에 돌이킬 수 없는 상황에 처할 수 있다.

실제로 도산 가능성이 있는 기업은 사무실을 늘리고 사원을 충원하자마자 업무실적이 떨어지거나, 공장 설비를 증설한 뒤에 수주가 줄어든다든지 신규 점포가 일제히 적자를 내는 경우가 대부분이다.

회사의 영업실적이 순조로울 때 과잉 설비투자가 이루어지기 때문이다.

경영자는 야망을 가지고 '무슨 일이 있어도 목표를 달성하겠다.'는 의지에 가득 차 있기 때문에, 자금을 적극적으로 운용하고자 한다. 이에 회계담당자가 무작정 동조하면 회사는 위험한 상황에 처할 수 있다.

회계담당자는 냉정을 유지하고, 객관적으로 가능성을 파악해야 한다.

경영자는 낙관적으로 어떻게든 될 거라 믿고 일을 진행시키지만, 막상 계획처럼 이루어지지 않아 곤경에 처하면 회계담당자는 자금 융통을 위해 생각지 못한 고생을 해야 한다.

자금 효율을 악화시키는 과잉 투자를 예방할 수 있는 방법으로 회계담당자에게 3점 견적법을 추천한다. 3점 견적법은 미 국방성과 NASA(미항공우주국)에서 이용하는 PERT(Program Evaluation and Review Technique)라는 공정계획을 관리하는 방법 중 하나이다. 불확실한 것을 예측할 때 낙관치(모두 계획한 대로 이루어질 거라 예상하는 값), **비관치**(최악의 경우를 상정해서 예상한 값), **최상 가능치**(지금까지의 경험에서 실현 가능성이 높다고 예상한 값), 이렇게 3점을 예측해서 검토하는 방식이다.

원래 기대치는 분산과 같은 수식을 사용해서 계산한다. 하지만 여기서는 설비투자를 한 뒤에 최악의 상황에 처할 경우, 자금 부족 현상이 발생할 가능성을 예측하는 것이 목적이므로 그렇게까지 할 필요가 없다.

의류 브랜드인 유니클로의 야나이 다다시 사장이 말했듯이 '열 번 새로운 것을 시작하면 아홉 번은 실패한다.' 현실적으로 최상 가능치는 가능한 낮게 예측해야 한다.

여기서 여러분이 오해하지 말았으면 하는 것은, 3점 견적법이 설비투자를 중지하기 위해서 실시하는 것이 아니라는 사실이다. 회사는 새로운 시도 없이 성장하지 못한다. 따라서 성장을 위해 새롭게 도전할 때는 리스크를 미리 예측하고 대비하면서 진중하게 행동하라는 의미이다.

결국 회계담당자의 역할은 현실적으로 발생 가능성이 있는 리스크를 예상하고, 자금의 증감을 시뮬레이션해서, 경영 계획의 실현 가능성을 높여주는 것이다.

견실한 경영에는 현실을 직시하고 리스크를 예상하는 기술이 필요하다.

실패하는 회사는 낙관치만 고려해 행동한다. 그에 비해서 냉정하고 합리적으로 사고하는 회계담당자가 있는 회사는 낙관치뿐만 아니라 비관치와 최상 가능치도 고려해서 과잉 투자를 미연에 방지한다.

> **회계담당자의 과제❻ ➡ 합리적으로 사고하는 냉정함을 잃지 않는다.**

100가지 유형의
시뮬레이션!

예산안을 한 가지 유형만 작성하면 리스크는 그만큼 높아진다.

모든 것이 계획대로 진행되어 목표를 달성할 수 있는 확률은 1퍼센트에 불과하기 때문이다.

회계담당자들에게 '예산안을 몇 종류나 만들면 좋을까요?' 라는 질문을 자주 받는다.

나는 그때마다 최소한 100가지 유형을 만들라고 대답한다. 10개도 아닌 100개 이상을 만들라니 힘들게 여겨질지도 모르지만, 실제로 해보면 그렇게 어렵지 않다.

시뮬레이션을 할 때는 엑셀과 같은 표 계산 소프트웨어를 활용하면 편리하다.

예산 편성 프로그램이나 자금 융통 프로그램은 시중에 판매되고 있을 뿐 아니라, 회계 소프트웨어의 옵션에도 포함되어 있다. 그러나 기업 회계재무담당자들 말에 의하면, 회사에 따라서 변동 요소가 다르기 때문에 실무에 사용하기에는 실효성이 떨어진다고 한다.

그런 이유로 대부분의 현장 회계재무담당자는 예산안을 만들거나 자금 융통 계획을 세울 때 엑셀을 사용하고 있었다.

엑셀을 사용하면 매출이나 비용, 운전자금의 결제 기한, 차입금의 상환 예정이나 금리 등을 변수로 설정해두고 그 변수만 바꿔주면 한결 쉽게 시뮬레이션을 실시할 수 있다.

예를 들어 매출액의 변동비율을 ±1퍼센트씩 조정하여, 매출이 95~105퍼센트(100퍼센트는 제외한다)인 유형만 만들어도 10가지를 만들 수 있다. 그리고 동일한 방법으로 비용을 10가지 유형으로 조정하면 10×10으로 눈 깜짝할 사이에 100가지 유형이 완성된다.

실제로 나는 기업의 경영 계획을 검증할 때 1,000개가 넘는 유형을 예측하여 시뮬레이션을 실시한다. 숫자를 조정하다 보면 '환율이 변동할 경우, 이익과 현금흐름은 어떻게 변할까?', '은행의 대응이 달라지면 대출과 상환, 금리에 어떤 영향을 미칠까?' 등 이러저러한 변동 요인이 머릿속에 떠올라 걱정이 돼서 계속 시뮬레이션을 하게 된다. 그리고 보면 회계업무는 작은 일 하나하나까지 신경 쓰는 세심한 사람에게 어울리는 듯하다.

여러분 회사에서도 이미 엑셀을 활용하여 여러 가지 상황의 시뮬

자금 융통 계획표를 엑셀로 작성한다

		4월	5월	6월	7월	8월	9월
경상 수입	현금 매출	950	1,045	1,097	1,152	1,210	1,270
	외상매출 회수	25,800	28,380	29,799	31,289	32,853	34,496
	어음 입금	13,600	14,960	15,708	16,493	17,318	18,184
	기타 입금	820	902	947	994	1,044	1,096
	합계	41,170	45,287	47,551	49,929	52,425	55,047
경상 지출	현금 매입	740	777	816	857	899	944
	외상매입 지급	14,940	15,687	16,471	17,295	18,160	19,068
	어음 결제	11,896	12,491	13,115	13,771	14,460	15,183
	인건비 지급	5,260	5,523	5,799	6,089	6,394	6,713
	경비 지급	3,389	3,558	3,736	3,923	4,119	4,325
	기타 지급	1,211	1,272	1,335	1,402	1,472	1,546
	합계	37,436	39,308	41,273	43,337	45,504	47,779
재무 수입	은행 차입	5,258	5,784	28,446	6,560	7,216	25,879
	자산 매각	0	0	0	0	0	0
	기타 입금	0	0	0	0	0	0
	합계	5,258	5,784	28,446	6,560	7,216	25,879
재무 지출	차입금 상환	8,522	8,352	8,185	9,058	9,024	10,862
	설비투자	0	0	0	36,850	0	0
	기타 지출	0	0	0	0	0	0
	합계	8,522	8,352	8,185	45,908	9,024	10,862

레이션을 실시하고 있을 것이다. 그 엑셀 시트를 사용해서 스스로 숫자를 움직여보라.

변수를 조금씩 조정하는 것이 포인트다. 그에 따라서 한계치가 보일 것이다. 한계치란 그 값을 넘으면 다른 요소에 큰 영향을 주는 값을 말한다. 손익분기점 매출액과 같은 값이다.

한 개의 값이 변화하면, 생각지도 못했던 다른 값까지 바뀌는 것을 볼 수 있다. '이 이상 재고를 늘리면 예금잔액이 마이너스로 바뀐다.' '이 정도라면 자금을 차입하지 않고도 설비투자가 가능하다.'라는 값을 감각적으로 기억해두는 것이 중요하다. 손익을 조정하면 대차대조표의 어디가 달라지고, 현금흐름 계산서의 어디에 영향을 미치는지를 파악할 수 있어야 한다.

가능하면 대차대조표와 손익계산서를 참고해서 엑셀로 현금흐름 계산서를 만들어보기 바란다. 엑셀에 계산식을 입력하면서 재무 3표(대차대조표, 손익계산서, 현금흐름 계산서)의 관계를 이해할 수 있다. 작업을 하다보면 납득이 안 가는 부분이 나오기도 하는데, 이런 과정을 통해 이해가 부족한 부분을 실감하게 된다. 엑셀에 익숙하지 않은 사람은 선배가 만든 시트의 셀 내용을 보면서 공부하기 바란다.

> **회계담당자의 과제❼ ➡ 예측하면서 회사의 재무구조를 이해한다.**

'스프링 법칙'으로
예측한다

예측은 새로운 것을 발명하거나 발견하는 것이 아니다.

새로운 사업 계획은 경영자가 세우는 것이므로, 예측할 재료는 이미 갖춰져 있다. 특히 회계담당자가 수행하는 자금 융통에 대한 예측은 기존의 연장선상에 있다.

신규 사업 계획에서는 아무래도 새로운 시도나 프로젝트가 주목받지만, 전체 비율에서 보면 일반적으로 기존 사업이 차지하는 비율이 압도적으로 크다. 현재 상태에 새로운 계획이 추가될 뿐이다.

그러므로 회계담당자는 먼저 기존 사업에 대해 충분히 예측한 다음, 신규 사업 계획을 추가해서 수행하면 된다. 중요한 업무에 우선 시간을 할애하는 것은 절대불변의 업무 규칙이다.

기존 사업을 예측할 때는 과거의 데이터를 참고하도록 한다. 이때 과거 언제쯤의 자료를 참고하면 좋으냐는 질문을 자주 받는데, 어렵게 생각할 것 없다. 앞으로 예측할 시간과 동일한 시간만큼 거슬러 올라가면 된다. 다가올 1년간의 상황을 예측할 때 과거 5년부터 10년분의 자료를 살펴보았자 아무 의미가 없다.

실제로 회계담당 직원의 예산 편성 방식을 살펴보면, 예산을 검토하는 기간과 동일한 기간의 과거 자료를 참고하는 사람이 많다. 가령 내년도 예산을 편성할 때는 올 1년 동안의 자료를 참고하고, 2~3년 중기 예산을 산정할 때는 과거 2~3년 전의 자료를 기준으로 삼는다.

앞으로의 일에 대해 고민할 때, 동일한 기간만큼 거슬러 올라가

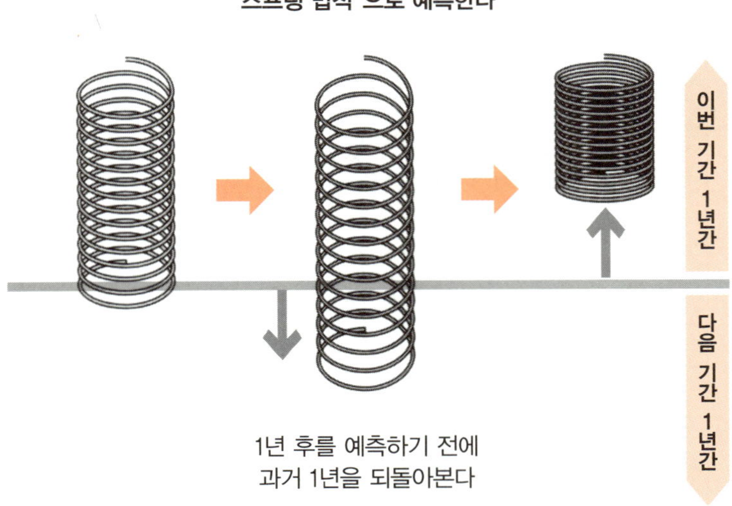

'스프링 법칙' 으로 예측한다

서 지난날의 행동을 되돌아보면 앞날을 예측할 수 있다. 이것을 나는 '스프링 법칙'이라고 부른다.

그러니까 내년도 예산을 검토할 예정이라면 과거 1년간의 자료를 기준으로 해서 예측하는 것이다.

보통은 아무 활동도 하지 않으면 수익은 감소하기 마련이므로, 트렌드를 지켜보면서 현실적인 최상 가능치부터 최악의 상황인 비관치까지 몇 가지 유형을 현금흐름을 바탕으로 시뮬레이션을 한다.

그리고 새롭게 부가된 계획에 대해서 시뮬레이션한 결과를 추가한다.

여기서 중요한 점은 모든 것이 무(無)인 상태에서 판단하는 것이 아니라, 기존의 것과 새로운 것을 분류해서 검토하고, 마지막으로 종합적으로 검증한다는 것이다.

예측하기 전에 반드시 스스로에게 '변하는 것은 무엇인가?' 그리고 '변하지 않는 것은 무엇인가?' 라는 질문을 던지는 습관을 들이기 바란다.

회계담당자의 과제❽ ➡ 뒤돌아보는 만큼 앞날을 본다.

돈으로 시간을
관리한다

이상하게도 자금을 예측하다 보면, 어느 순간 돈이 아닌 시간을 예측하고 있음을 깨닫게 된다.

시뮬레이션을 하는 단위가 화폐이고, 화폐가 교환수단이기 때문이다.

어폐가 있는 것은 알지만, 굳이 극단적으로 말하면 비즈니스에서 사용하는 자원 중에서 돈으로 살 수 없는 것은 존재하지 않기 때문이다.

경영자는 비즈니스에 필요한 자원을 회사 자금을 대가로 지불하고 손에 넣는다. 물건뿐만이 아니라 인재도, 시간도, 돈도 마찬가지다.

최근에는 모두들 알고 있듯이 인재를 육성하고 시간을 들여 본업을 확장하기보다 '이미 성공한 회사를 사들이는 편이 빠르다'라는 인식에서 M&A(합병·인수)가 빈번하게 이루어지는 추세이다.

이것은 좋고 나쁨을 떠나서 돈으로 성장과 시간을 살 수 있다는 의미이다.

회계담당자가 자금 계획을 고민할 때도 시간 감각은 매우 중요하다. 자금 양에 따라서 시간축의 변경이 가능하기 때문이다.

예를 들어 2년 걸리는 중기 계획을 세웠을 경우, 필요한 자금만 빨리 조달되면 1년 만에 목표를 달성할 수도 있다.

이해하기 쉽게 말해서 체인사업을 하고 있는 기업의 경우, 충분한 자금만 모아지면 즉시 개점 시기를 앞당길 수 있다. 물론 인재교육 같은 문제가 남아 있기는 하지만, 이것 역시 어느 정도의 자금만 있으면 해결 가능하다.

반대로 자금 배분을 늦춰서 실행을 지연시키는 경우도 있다. 경기 변동과 기술 혁신 때문에 계획대로 진행되지 않을 때는 사업 규모를 축소하거나, 철수 혹은 매각하기도 한다.

이와 같이 자금 계획과 예산은 한번 책정하면 무조건 실행해야 하는 것이 아니라, 늘 상황을 지켜보면서 자금 조달 타이밍이 오면 언제든지 시작할 수 있도록 준비되어 있어야 한다.

또한 상황이 악화되면, 최악의 경우를 시뮬레이션하면서 자금 배분을 조절하여 다음에 벌어질 일을 대비해야 한다.

역동적으로 대응하는 회사를 살펴보면, 회계담당자는 항상 경영자의 다음 행동을 예측하여 자금을 미리 준비해둔다. 기업 성장의 이면에는 치밀하게 분석하여 시뮬레이션을 전문적으로 활용하는 회계담당자가 존재한다.

언제나 시기적절하게 자금을 조달하는 기업의 회계과장에게 '도대체 언제 준비하신 건가요?'라고 물은 적이 있다.

그랬더니 '슬슬 사장님이 말씀하시겠구나 싶으면, 은행과 조정하여 자금을 준비해둡니다.'라고 대답하면서, 은행에 제출한 자금계획 자료를 보여주었다. 그 회계과장의 컴퓨터에는 제출한 서류보다 훨씬 많은 시뮬레이션 데이터가 쌓여 있을 것이다.

> **회계담당자의 과제❾** ➡ **유능한 회계담당자는 경영자의 다음 행동을 읽는다.**

회계사무소 유용하게 활용하는 법(예측력 편)

예산 편성과 자금 융통을 계획하는 일에 익숙하지 않은 사람은 처음에는 회계사무소의 도움을 받도록 한다.

매달 회계자료를 감사하는 회계사무소라면, 회사의 거래 조건과 계절 변동 요인 등을 확실하게 이해하고 있으므로 적절한 충고를 해줄 것이다.

또한 고문 회계사무소는 그날그날의 예금거래 움직임까지 지켜보고 있기 때문에 매월 현금흐름을 정확히 파악하고 있다.

그러므로 회계사무소에 자금 융통에 대한 문제점을 털어놓고 자금 융통 계획의 개선 포인트를 가르쳐달라그 부탁하는 것도 좋은 방법이다.

① 자금 융통 계획 엑셀 시트

회계사무소는 표준적인 자금융통표나 자금운용표와 같은 엑셀 시트를 가지고 있다. 담당자에게 자사에 맞는 형식으로 수정해달라고 부탁해서 전월분의 자료가 입력되어 있는 엑셀 시트를 받도록 한다.

그 엑셀 시트를 사용해서 매달, 6개월부터 1년 뒤까지의 자금 융통 계획을 작성해본다.

② 시뮬레이션 프로그램

경영 계획이 완성되면 자금 계획을 검증받도록 하자. 내용에 따라서는 고문료 외에 별도 요금이 발생할 수도 있다. 그래도 처음에는 수업료를 지불한다 생각하고 회계사무소에 의뢰하고, 다음부터는 스스로 할 수 있도록 확실히 습득하기 바란다.

가능하면 자료는 종이뿐만 아니라 엑셀 시트로 달라고 부탁한다. 현금흐름 시뮬레이션 프로그램이 있으면 나중에 그것을 수정하여 여러 가지 유형의 시뮬레이션을 할 수 있다.

한 가지 유형만 습득하면 다음부터는 간단히 시뮬레이션을 실시할 수 있으므로, 회사에 적합한 자금계획서를 작성하여 은행에 제출할 수 있다.

> **회계담당자의 과제❿ ➡ 시뮬레이션 프로그램을 유용하게 활용한다.**

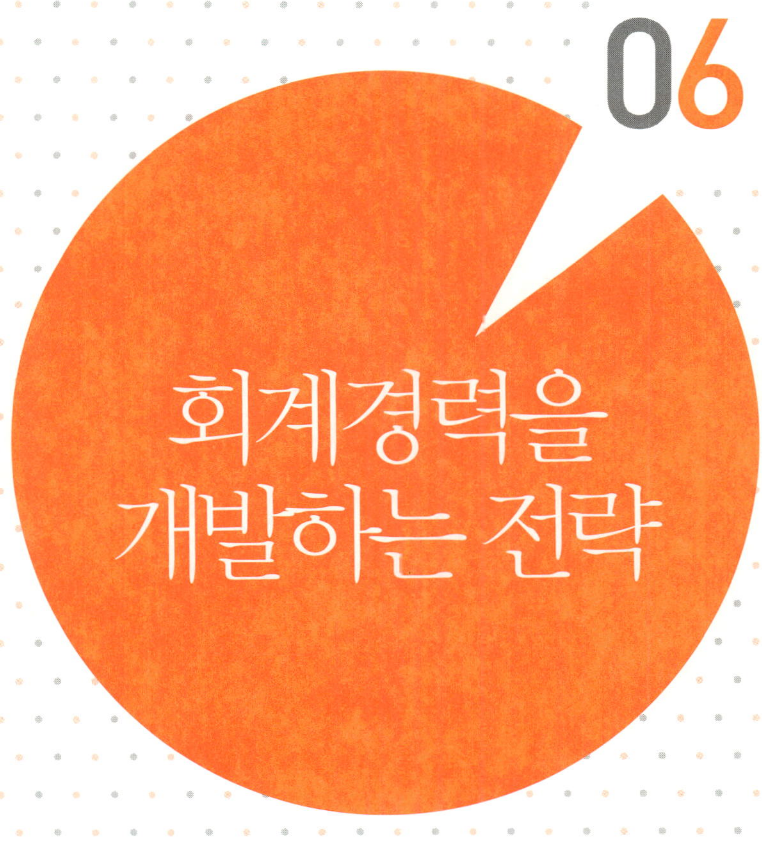

먼저 우리는 노력해야 할 목표가 무엇인지 알아야 한다. 다음은 어떤 길을 가야 이 목표에 가장
빨리 도달할 수 있을지 진지하게 고민해야 한다.
－세네카

경력 향상의
PDCA 사이클

마지막 장에서는 당신의 회계인생에서 경력을 어떻게 향상시킬지에 대해 생각해보도록 하자.

앞에서 기업 활동을 PDCA 사이클로 분류하여 회계담당자가 기업에 기여하는 방식을 살펴보았다. 이번에는 PDCA 사이클을 이용해서 여러분의 경력 향상 계획을 실현해보기로 하겠다.

다음 페이지 그림과 같이 'Plan(계획)' 단계에서 자신이 나아가고자 하는 경력의 방향성과 목표로 삼을 기준을 정한다.

업무인생에서 경력의 대부분은 회사 업무를 통해서 쌓게 되므로, 가능하면 회사의 목표와 계획에 맞추는 편이 좋다.

목표와 계획이 정해지면, 'Do(행동)' 단계에서 근무 방식에 변화

를 준다. 매년 경력을 쌓기 위해 사용할 수 있는 시간은 한정되어 있으므로, 업무 효율성을 높이고, 한 단계 향상된 업무에 도전할 시간을 확보할 방법을 모색해야 한다. 그리고 회사에 기여도가 높은 업무에 자신의 시간을 할애할 수 있게 근무 방식을 바꿔 나간다.

1년에 한 번, 경력 향상 계획이 예정대로 진행되고 있는지 'Check (평가)' 한다. 자신의 현재 상태를 알기 위해서는 보유하고 있는 기술을 파악해야 한다. 그 과정을 통해서 무엇을 할 수 있게 되었고, 아직 못하는 것은 무엇인지를 확인할 수 있다.

자신의 상태를 객관적으로 인식할 수 있게 되면, 더욱 목표에 가까워지기 위해서 다음 단계인 'Action(개선)' 을 실행한다. 당초 목표에 도달하지 못한 부분을 보강해서 경력을 향상시켜 나간다. 이때 업무 표준화 작업도 동시에 진행해야 한다. 그렇게 하면 후임자에게 업무를 인수인계하기 쉬워지므로 자신의 경력 향상에도 도움이 된다.

그러면 이제부터 경력 향상을 실천하는 데 효과적인 방법을 소개하겠다.

회계담당자의 과제❶ ➡ 회계인생의 PDCA 사이클을 적어본다.

위태로운 상태에서
탈출하기

경력 향상의 'Plan(계획)'에서는 먼저 목표 설정부터 해야 한다.

보통 자기계발서를 보면 자신이 희망하는 연봉이나 지위, 일의 보람 등을 목표로 설정하라고 되어 있다. 아마도 이 중에서 일의 가치를 평가하는 가장 간단한 지표는 급여일 것이다. 분명히 급여가 올라가면 일할 의욕도 높아진다.

하지만 회계담당자의 경우는 영업직과 달리 노력하는 만큼 보너스가 늘어나는 직업이 아닌 탓에 연봉을 목표로 삼기는 쉽지 않다.

또한 회계부서는 인사이동이 적고, 연공서열이 분명해서 아무리 능력이 있어도 좀처럼 상위 업무를 수행하기 어려운 실정이다. 따라서 지위와 일의 보람 역시 쉽지 않다.

회계담당자와 같이 직장 환경에 변화가 적은 직업은 연수입이나 지위, 일의 보람으로 동기부여를 우지하기 어렵다. 그렇기 때문에 스스로 목표를 설정하고 경력 향상 계획을 세워놓지 않으면, 자신이 나아갈 방향을 잃어버린 채 밀려드는 일처리에 급급해서 미래를 생각할 여유조차 잃어버리고 만다.

그래서 좀처럼 의욕이 생기지 않는 회계담당자에게 추천하고 싶은 방법이 있는데, 최악의 상태를 상상해보는 것이다. '갑자기 정리해고를 당한다면', '회사가 도산한다면' 이라고 가정해보기 바란다. 그러면 새로 구직활동을 해야 한다는 생각에 '정사원으로 채용해줄 회사가 있기는 할까', '급여는 얼마나 받을 수 있을까' 같은 가혹하지만 현실적인 고민을 안 할 수가 없다.

당장 발등에 불이 떨어지면 서둘러서 현재 상태를 해결하려는 의욕이 샘솟게 되어 있다.

서장에서도 말했듯이, 단순노동의 가치는 계속 하락하고 있다. 회사의 사무 처리는 IT화되고, 아웃소싱이 본격화되면서 단순 사무에 높은 급여를 지불하는 회사는 점점 줄고 있는 추세이다. 지금은 회계 기술을 갖고 있어도 회계담당 직원으로서 합리적으로 근무 방식을 바꾸지 않으면, 일자리가 사라지는 시대라는 것을 기억하기 바란다.

지금 이대로는 곤란하다는 위기의식이 당신을 움직이게 할 것이다.

본인의 나이를 고려해 '언제까지 위험구역에서 탈출해야 하는 가?' '그렇게 하기 위해서 어떤 수준의 기술을 습득해야 하는가?' 같은 목표를 설정하도록 하자.

회계담당자의 과제❷ ➡ 1년 뒤 자신이 처할 수 있는 최악의 모습을 상상해본다.

최악의 상태에서 벗어나기 위한
자기구출 대작전

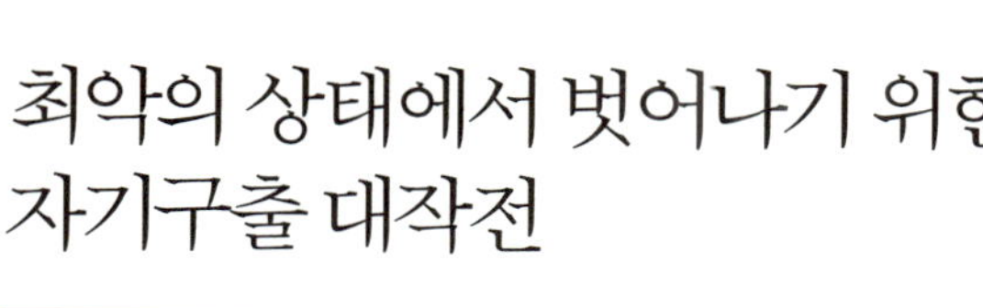

'Plan(계획)' 은 단기와 장기로 나눠서 세운다.

단기 목표는 '최악의 상태' 에서 탈출하는 것이다. 해야 할 일은 정해져 있으므로 항목을 적고 구체적인 활동 일정을 짠다.

이름 하여 자기구출 대작전. 깊이를 알 수 없는 늪에 빠져 허우적거리는 자신을 구제하는 것이다. 단순히 도망치는 것이 아니라, 스스로의 힘으로 벗어나는 것이 이 작전의 목적이다.

회계담당 직원으로서 자립하려던 새로운 지식 습득과 실무 경험이 꼭 필요하다. '가르쳐주지 않아서 할 줄 모른다.' 라고 투덜대며 초등학생처럼 군다면, 아무리 시간이 흘러도 현재 상태에서 벗어나지 못한다. 책을 읽고 세미나에 참석해 전믄 지식을 함양하고, 그 지

식을 실무에 활용할 수 있도록 자신의 능력을 연마하는 계획을 세우
도록 하자. 제한시간이 다가오고 있다. 탈출이 늦어지면 늦어질수
록 상황은 악화된다는 사실을 잊지 말고 마음을 굳게 먹기 바란다.

그리고 목표의 방향을 잃지 않도록 단기 계획과 병행해서 장기 계
획을 세우도록 한다. 장기 계획의 주제는 자기성장 대작전이다.

업무인생을 정년까지로 생각하면 남은 시간은 결코 많지 않다.
업무인생에도 라이프 사이클이 있다. 자신의 업무인생에서 몇 살을
절정기로 삼을 것이며, 어떻게 근무할지를 고민해야 한다. 흔히 한
창 일할 나이라고 하는 40대를 업무인생의 절정기라 생각하면, 남
은 시간이 귀중하게 느껴진다.

장기 계획을 세울 때 ‘백 캐스팅’(back casting)이 큰 도움이 된다.
이것은 생각의 출발점을 결과에 두고, 그 결과를 얻기 위해 지금 무엇
을 해야 하는지 생각해보는 방법이다. 3년 뒤, 5년 뒤, 10년 뒤에 어
떤 내가 되고 싶은지를 정하고, 그렇게 되기 위해서 지금 어떤 기술을
배우면 좋을지 고민하는 것이다. 6개월 뒤는 현재의 연장선으로 느
껴지지만, 3년이나 5년 정도면 대부분의 목표를 달성할 수 있다.

내일부터 무엇을 할지를 정하기 위해서 계획을 세우는 것이 아니
다. 3년 뒤, 자신이 희망하는 이상적인 모습이 되기 위해서 지금 무엇을
해야 하는지를 정하는 것이다.

만화 《도전자 허리케인》에서 주인공인 야부키 죠가 ‘내일을 위
해’ 라고 적혀 있는 엽서를 보면서 소년원에서 매일 잽 연습을 하는

장면을 떠올려보기 바란다. 여러분도 미래의 자신을 위해서 지금 주먹을 날려야 한다!

행동이 변하면
회계인생이 달라진다

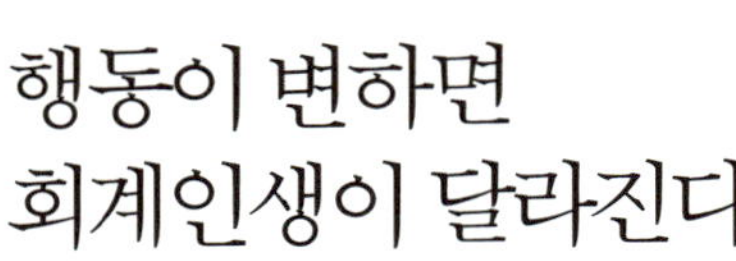

경력 향상 계획이 대략이나마 세워졌다면, 바로 'Do(행동)' 단계로 들어간다. 계획은 세웠으나 정작 행동을 바꾸지 않으면 아무것도 달라지지 않는다.

새로운 업무에 도전하려면 먼저 그 업무에 할애할 시간을 확보해야 한다. 시간을 만들기 위해서는 업무처리 효율을 향상시키든가, 업무를 다른 사람에게 맡기는 수밖에 다른 방법이 없다.

다시 말해 IT와 아웃소싱은 당신의 성장을 도와줄 도구인 셈이다. IT나 아웃소싱에 의뢰하는 업무는 그리 중요한 업무가 아니다. 지금까지 해왔던 단순작업을 표준화하고 순서대로 정리해서 프로그램을 만든 것에 지나지 않는다.

IT나 아웃소싱은 회계담당자의 븐질적인 업무를 수행하지 못하므로 위협을 느낄 필요가 없다. 옷을 세탁하는 데 세탁기와 세탁소를 이용하듯이, IT나 아웃소싱과 친숙해져서 사용할 수 있는 것은 모두 적극적으로 활용하여 자신만의 시간을 만들도록 하자.

현재 내 모습은 과거 행동의 결과굴이듯이, 1년 뒤의 나는 오늘의 행동에 의해 만들어진다. '나중에 하지' 라는 안일한 생각을 갖고 생활하면 자신도 모르는 새 회계인생의 절정기가 코앞에 다가와 있을 것이다. '언젠가' 가 아니라 '지금 한다' 로 생각을 바꾸기 바란다. 그렇지 않으면 발전은 없다. 오늘 죈표 처리를 하는 사람은 아마 내일도 같은 일을 하고 있을 것이다.

사무작업에 IT와 아웃소싱을 이용하는 회계담당자들은 모두 입을 모아 '덕분에 생각이 필요한 업두에 시간을 할애할 수 있게 되었다.' 라고 말한다.

마음이 달라지면 행동이 바뀐다.
행동이 달라지면 습관이 바뀐다.
습관이 달라지면 인격이 바뀐다.
인격이 달라지면 운명이 바뀐다.

뉴욕 양키스의 마츠이 히데키 선수에게 고교시절 은사가 들려준 소중한 말이다.

오늘의 행동 변화가 당신의 회계인생을 바꿔줄 것이다.

회계담당자의 과제❹ ➡ 다른 사람에게 맡길 업무를 적어본다.

'긴급하지 않지만 중요한 일'에
시간을 사용한다

'Do(행동)'에서 가장 주의해야 할 것은 시간을 사용하는 방법이다.

모처럼 IT와 아웃소싱을 이용해서 시간을 만들었어도, 그 시간을 다른 사무작업을 하는 데 사용한다면 애써 시간을 확보한 의미가 없다. 확보한 시간은 회사에 기여도가 높고 동시에 자신을 성장시켜 줄 업무에 배분해야 한다.

시간 사용 방법을 결정할 때는 《성공하는 사람들의 7가지 습관》에 나온 시간관리 매트릭스에 회계업무를 적용해보는 것도 좋다. 먼저 그림과 같이 회계업무를 긴급성과 중요성을 기준으로 해서 분류해본다.

회계의 시간관리 매트릭스

	긴급	긴급하지 않다
중요	결산 입금관리 지급관리	← '회계력' 양성 A: 보고　P: 예측 C: 분석　D: 개선　↓
중요 하지 않다	전표 처리 장부기장	경비 정산　영수증·청구서 정리

경비 정산이나 영수증과 청구서를 정리하는 일은 오른쪽 아래의 '긴급하지도, 중요하지도 않은 업무'에 속하기 때문에, 이런 작업에 시간을 소비하면 경력을 쌓기 어렵다.

회계분개 전표 처리와 장부 작성 같은 일은 '긴급하지만, 중요하지 않은 업무'로 분류된다. 이런 작업은 IT화하거나 아웃소싱업체에 의뢰할 수 있는 업무이므로 이런 일에 당신의 소중한 시간을 빼앗기지 않도록 주의한다.

결산과 입금·지급 관리는 '긴급하며 중요한 업무'이지만, 이 업무에 지나치게 시간을 할애하는 것도 바람직하지 않다.

왜냐하면 이 업무를 실수 없이 처리하기 위해 너무 집중하느라 정작 자신의 성장에 소홀해지는 회계담당자들을 종종 보기 때문이다.

이 부분의 업무는 최대한 빨리 표준화해서, 후배가 이 업무를 할 수 있게 넘겨주도록 하자. IT화하거나 파견사원의 힘을 빌리는 것도 좋은 방법이다.

마지막에 남은 '긴급하지 않지만 중요한 업무'에 당신의 귀중한 시간을 최대한 많이 배분하기 바란다.

긴급하지 않지만 중요한 업무인 '개선', '분석', '보고', '예측'은 매우 중요한 사항임에도 긴급성이 높지 않은 탓에 지금까지 미루어오던 일이다.

그리고 회계담당 직원이 중요한 업무를 수행할 기술을 습득하지 못한 탓에 '긴급하지도, 중요하지도 않은 업무'인 경비 정산이나 영수증·청구서 정리보다도 우선순위가 떨어지게 되었다.

이것은 기업에도 큰 손실인 동시에 회계담당 직원이 성장할 기회를 잘 활용하지 못하고 있다는 의미이기도 하다.

> **회계담당자의 과제❺** ➡ 성장할 기회를 발견하면 그곳에 힘을 집중한다.

시간을 관리하는
기록의 기술

경력 향상의 PDCA 사이클에서 우선적으로 'Check(평가)' 해야 할 것은 시간이다.

매일 자신이 수행하는 업무를 앞에서 설명한 시간관리 매트릭스를 적용해서 분류한 다음 기록해본다. 그리고 매일, 매주, 매달, 시간을 집계해서 결과를 검증하도록 한다.

3개월, 6개월마다 시간 배분을 조사한 결과를 살펴본다. '긴급하지 않지만 중요한 업무'에 할애한 시간이 늘어나는 만큼 반드시 업무에서도 눈에 띄는 성과가 나올 것이다.

시간 사용 방법이 크게 달라지지 않아 고민인 사람은 시중에 시간관리에 관한 훌륭한 책들이 많이 나와 있으니, 그중에서 마음에 드는 책을 선택해서 참고하기 바란다. '업무의 효율화', '우선순위 명확하게 설정하기', '자투리 시간 활용법', '효과적인 일정관리' 등에 대해서 도움을 받을 수 있다.

단, 여기서 유념해야 할 것은 '관리하는 것은 시간이 아니라, 자신의 행동'이라는 사실이다.

1년에 50킬로그램을 감량한 오카다 도시오 씨는 '기록 다이어트란 몸에 관련된 필요한 사항을 기록함으로써 자신의 몸을 자유롭게 조절할 수 있게 만드는 것이 목적이다.'라고 말한다.

요컨대 인간의 생각은 강하지 못해서, 자신의 행동을 기록과 감시를 통해 관리하는 것이 효율적이라는 의미이다.

그러므로 약간의 성과가 보인다 해도 언제 다시 처음 상태로 돌아갈지 모르기 때문에, 목표를 달성할 때까지 한동안은 활동 시간을 계속 수첩에 기록해야 한다.

회계담당자는 기록과 집계를 내는 일에 뛰어나므로 '기록·시간·관리'로 금방 효과를 얻을 수 있다.

회계담당자의 시간관리에서 한 가지 더 중요한 사항은 일정하게 정해진 시간을 확보해야 하는 것이다.

긴급하지 않지만 중요한 업무를 수행할 경우, 해당 업무에만 집중할 수 있는 일정한 시간이 반드시 필요하기 때문이다.

그러기 위해서 먼저 만 하루, 만 일주일과 같이 작업하지 않는 날을 정하도록 한다.

분석이나 보고 자료를 작성하는 일은 집중을 요하는 일이므로, 자투리 시간을 이용하는 것은 비효율적일 뿐 아니라 업무의 질을 떨어뜨린다. 자금 융통 계획이나 예산안을 작성하려면 최소한 만 3일 동안은 그 일에 전념해야 한다. 업무개선을 위한 프로젝트 활동 역시 다른 업무를 수행하면서 틈틈이 할 수 있는 업무가 아니다.

> **회계담당자의 과제❻** ➡ '언제까지 장부기입이나 하고 있을 거라 생각하지 마'라고 중얼거리며 시간을 기록한다.

경영자와 직원들에게
자신의 회계력을 평가받는다

'Check(평가)' 에서 다음에 할 일은 현재 자신이 보유한 기술의 수준을 파악하는 것이다. 회계담당자로서 착실하게 자기 성장을 하고 있는지 정기적으로 확인하는 것이 목적이다

자신의 성장 상태를 스스로 판단하는 것은 어려운 일이기 때문에 최대한 객관적인 수치자료를 통해 검증하거나, 다른 사람의 평가를 받는 게 좋다.

회계담당자는 업무적으로 비용대비 효과를 알고 있어야 하므로, 자신의 급여를 시간 단위로 환산하여, 본인이 시급 이상의 가치를 제공하는지 확인해보기 바란다. 그러면 회계부서의 업무 효율을 개선하여 비용을 얼마나 절감할 수 있는지 파악할 수 있으며, 나아가 회사에 기여도가 높은 업무를 수행할 수 있을 것이다.

분석력과 예측력에 대한 검증은 상사에게 평가받도록 한다. 이때 사전에 몇 가지 평가 포인트를 정해서 5단계로 점수를 매길 수 있게 평가표를 준비하면 편리하다.

예를 들어 예측력을 평가한다면 '프로젝트 예산을 작성할 수 있게 되었다', '자금 융통 계획표를 작성할 수 있게 되었다' 와 같이 목표로 정한 업무를 평가 항목으로 선정해서 6개월마다 상사에게 평가를 받는 것이다.

보고력에 대해서도 가능하면 6개월마다 경영자에게 하는 월례보고나, 간부사원이 대상인 업무실적 보고회를 마친 뒤에 앙케트 용지를 나눠주고, 점수와 요망 사항을 기입해 달라고 부탁하자. 이러한 평가 과정에서 사내 직원들에게 혹독한 평가를 받을 수도 있다. 그

회계담당자의 기술 평가

러나 냉정한 평가와 철저한 자기반성이 있어야 회계담당자의 서비스가 향상될 수 있다. 더불어 회사와 개인이 모두 성장할 수 있다.

한편 객관적인 기술 수준을 증명하는 방법으로 자격증이 있다.

회계 관련 자격증 중에서는 오래 전부터 일본상공회의소의 부기검정이 유명하고, 최근에는 회계 실무 관련 자격증으로 회계·재무기술검정(FASS)이 주목받고 있다. 그 외에 PC회계의 보급과 함께 'PC재무회계주임자시험'과 '전자회계실무검정' 시험이 생겨났으며, 회계담당자 중에는 세무사나 공인회계사 자격증을 목표로 하는 사람도 많다.

자격증을 취득했을 때 얻을 수 있는 이점은 굳이 말하지 않아도 잘 알고 있으리라 생각한다. 여기서는 단점에 대해 잠깐 언급하려 한다. 주변에 자격증을 취득한 사람들을 보면, **자격증에 속박되어서 평생 그 자격증 관련 일만 하는 사람이 많다.** 예를 들어 부기2급 자격증을 취득한 사람들 중에 여러 가능성이 있음에도 불구하고 평생 회계 업무만 보는 사람이 많다. 이처럼 능력의 범위에 제한을 두어 성장 기회를 잃는 것은 바람직하지 않다.

자신의 능력을 펼치기 위해서 이직을 고려하는 사람도 있다. 그들은 현재 직장에서는 '자신이 하고자 하는 일을 할 수 없다', '자신의 가치를 정당하게 평가받지 못하고 있다'와 같은 이유로 다른 회사로 이직하여 경력을 향상시키고자 한다. 장래 목표가 명확하고, 다양한 경험을 쌓기를 원한다면 이직도 나쁘지는 않다.

그러나 사회에서 자신이 어떤 평가를 받을지 객관적으로 인식하지 못한 상태에서 이직을 하는 것은 매우 위험하다. 사회는 이렇다 할 실적이 없는 낯선 사람에 대해 무척 냉혹하다는 사실을 부디 염두에 두기 바란다.

꼭 이직을 위한 것이 아니라도 이력서에 자신의 직무경력을 적어보기 바란다. 어떤 일을 몇 년 동안 했고, 무엇을 할 수 있으며, 회사에 어떤 기여를 했는지 되짚어보면서 자신의 강점과 뛰어난 분야를 새롭게 깨달을 수 있을 것이다.

> **회계담당자의 과제 ❼ ➡ 자신의 기술을 평가해본다.**

회계력을 '표현' 해야
회사에 기여할 수 있다

'Action(개선)'의 마지막은 자신의 신체기능을 최대한 활용하는 것이다. 자신이 보유하고 있는 기술을 평가받아 보면, 예상보다 외부의 평가가 낮다는 사실을 깨달을 것이다. 당신이 회계담당 직원으로서 능력이 부족하기 때문이라기보다 표현력이 부족하여 상대방에게 잘 전달하지 못했을 가능성이 크다.

실력을 갖추고 있어도 그것을 다른 사람에게 알리지 않으면 평생 당신에 대한 평가는 달라지지 않는다.

회계담당 직원의 성향을 보면 숫자에 강하여 계산능력이 우수하기 때문에 분석력과 예측력이 뛰어난 사람이 많다. 그들은 자료 분석과 시뮬레이션에 탁월하다.

그러나 안타깝게도 분석과 예측은 머릿속에서 이루어지고, 그 결과는 본인 컴퓨터에 저장되어 있어서 다른 사람에게 보여줄 기회가 없다.

훌륭한 기술을 보유하고 있으면서 그것을 표출하지 않는 것은 어리석은 일이다. 뛰어난 기술을 연마하는 것도 중요하지만, 갖고 있는 기술을 회사에서 활용할 줄도 알아야 한다. 그렇지 않으면 회사에 대한 당신의 기여도는 올라가지 않으며 제대로 평가도 받지 못한다.

이런 유형의 사람이 보고력과 개선력을 추가로 습득하면, 회사에서 받는 평가가 놀랄 정도로 달라질 것이다. 지금까지는 이런 기술이 회계담당자에게 필요 없었지만, 앞으로는 이 두 기술이 다른 회계직원과 차별화시켜 줄 것이다.

인간의 기능을 최대한 활용한다

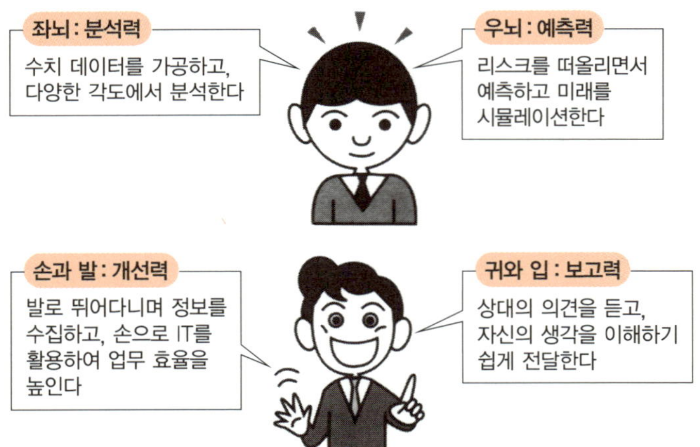

자신의 생각을 다른 사람에게 표현할 때, 인간의 기능을 의식적으로 활용해보도록 하자.

그림과 같이 인간이 본디 지니고 있는 기능을 활용하여 컴퓨터가 할 수 없는 부분을 부각시킨다. 회계담당자는 업무상 계산을 많이 하기 때문에 좌뇌를 주로 사용한다. 그러므로 평소에 컬러 도식(圖式)을 떠올리면서 의식적으로 우뇌를 사용하도록 한다.

그리고 생각하는 바를 뇌만이 아니라 몸을 사용해서 표현한다. 커뮤니케이션을 하기 위해서는 상대방의 의견에 귀를 기울이고, 상대방의 입장에서 이야기를 해야 한다. 이것은 실제로 해보지 않고는 배울 수 없는 것이기에 꾸준히 경험을 쌓아야 한다.

나 역시 강사로 일하기 전에는 사람들 앞에서 말하는 것이 무척 서툴렀다. 그래서 초기에는 세미나를 마친 뒤에 세미나 관련 앙케트 조사를 했을 때 '무슨 이야기를 하는지 잘 모르겠다.' 라는 혹독한 평가를 받은 적이 몇 번 있었다. 그 뒤로 세미나 횟수가 점점 늘어나면서 조금씩 평가가 좋아졌다.

근무 방식도 다른 사람들 눈에 띌 정도로 변화를 준다. 회계담당자는 대체로 사무실에서 업무를 수행하기 때문에 하루 종일 책상에 앉아 서류를 정리하거나, 계산을 하는 이미지가 강하다. 그러나 앞으로는 발로 뛰어다니며 회사 안뿐만 아니라 회사 밖 사람들과 교류하며 적극적으로 정보를 교환하도록 하자. 아무리 바쁘게 일해도 실내에서 사무작업만 해서는 살아 있는 정보를 얻기 어렵다. 가능하면 사무작업은 컴퓨터로 처리하여 시간을 너무 할애하지 않도록 주의한다.

머리에 떠오른 아이디어는 손끝으로 형태를 갖추게 된다. 소중한 손을 전표 입력에만 사용하지 말고 부디 자신의 생각을 문장으로 정리하거나, 정보를 정리해서 그림이나 표로 출력할 때 사용하기 바란다. 그렇게 하면 회계담당자에 대한 평가가 틀림없이 좋아질 것이다.

> **회계담당자의 과제❽ ➡** 만보기를 착용하고, 아이디어를 매일 1장씩 만들어낸다.

현재 업무에서 탈피하여
다음 단계로

'Action(개선)'에서 중요한 것은 당신의 장러 경력에 대해 인식하는 것이다. 다음 목표가 정해지지 않으면 지금의 위치에서 움직일 수 없기 때문이다.

경력 향상 계획을 구체적으로 이미지화할 수 있는 사람은 약 3년 주기로 기존의 업무를 후배에게 인수인계하고, 본인은 조금 더 창조적이고 핵심적인 업무를 수행할 수 있게 될 것이다.

이때 필요한 것은 업무의 표준화로, 작업 과정을 단순화하고 순서대로 정리하여 규칙화해야 한다.

업무를 표준화하면, 판단 실수가 줄고 작업 효율이 향상된다는 이점이 있다. 특히 회사라는 조직에서 업무를 표준화하면 노하우를 공유할 수 있기 때문에, 그 업무를 수행할 수 있는 사람이 늘어나면서 생산성이 눈에 띄게 향상된다.

일본의 제조업은 암묵지(暗默知, 형식언어로 표현할 수 없는 지식)를 형식지(形式知, 형식언어로 표현할 수 있는 지식)로 변환하는 데 뛰어났기에 급성장할 수 있었다. 개인의 극히 주관적인 통찰과 직감을 형식지로 변환하여 다른 직원들과 공유할 때, 비로소 그 가치가 빛을 발한다.

회계업무는 차별화된 업무가 아니라, 표준화해야 하는 전형적인 업무다. 회계라는 표준화된 규칙에 회사의 독자적인 회계 방법을 덧붙이면 회사의 회계력은 해마다 향상될 것이다.

기존에 있던 기술에 당신이 공부해서 계발한 기술이 더해져서, 후배에게 전해진다. 당신이 한 단계 상위 업무를 수행할 때 후배는 선배가 남겨준 노하우를 활용하고, 거기에 다시 새로운 기술을 추가해서 후배에게 전수해주면 된다.

새로이 생긴 회사나, 선배의 노하우가 없는 회계부서에서는 당신이 업무의 표준을 만들어가도록 하자. 한 가지 업무를 표준화해서 전수해주고, 다음 단계로 올라가서 다시 공부하면서 실무에 맞춰 표준화하는 작업을 반복해서 실시하는 것이다.

자신의 업무를 본인만이 가능하도록 전문화해서 그 기술을 독점할 것이 아니라, 자신의 기술을 공개하고 다른 사람과 공유할 수 있는 환경을 만들기 위해 애쓰는 것이 조직의 회계 전문가로서 지녀야 할 마음가짐이다.

회사와 함께 성장하는 법

앞으로 회계담당 직원이 경력 향상에 대해 고민할 때는 '컴퓨터가 할 수 없는 일은 무엇인가?', '아웃소싱할 수 없는 일은 무엇인가?'라는 질문을 늘 염두에 두어야 한다.

이 질문에 대한 답을 찾는 과정에서 당신은 회계담당자로서 해야 할 일이 무엇인지 깨닫게 될 것이다.

다시 말해서 컴퓨터나 아웃소싱으로 처리할 수 있는 업무는 중요도가 낮은, 누구라도 할 수 있는 업무이므로, 회계업무 중에서 이 부분을 제외하면 회계 본연의 업무가 무엇인지 알 수 있다.

그렇다면 과연 컴퓨터가 할 수 없는 업무, 아웃소싱업체에 의뢰할 수 없는 업무는 무엇일까? 그것은 바로 사고하는 업무와 커뮤니케이션이다.

나는 이 책에서 소개한 '개선력', '분석력', '보고력', '예측력' 이라는 4가지 기술이 앞으로 회계담당 직원에게 요구되는 본질적인 기술이라고 확신한다.

실제로 회계업무를 IT화하고 아웃소싱한 기업이 회계부서에 남은 인재에게 기대하는 능력이 바로 이 4가지이기 때문이다.

개선, 분석, 보고, 예측이라는 4가지 능력은 특별히 회계담당자만이 아니라, 모든 사원에게 요구되는 일반적인 기술이다. 그중에서 회계담당 직원은 이 기술에 '회계' 라는 전문기술을 추가함으로써 부가가치를 높일 수 있다.

이 4가지 기술과 회계 기술을 갖춘 회계 인재는 앞으로 어느 회사에 가든 언제나 높은 평가를 받을 수 있다. 일반 기술과 전문 기술을 겸비하고, 회사에 기여도가 높은 인재는 대단히 소중한 존재이다.

커뮤니케이션에 능숙한 사람이나 컴퓨터 활용 능력이 뛰어난 사람은 많다. 또한 부기를 배워서 결산서를 작성할 줄 아는 회계담당 직원은 어느 회사에나 있다.

그러나 업무 효율을 향상시키고, 효과적인 분석이 가능하며, 전문적인 사항을 이해하기 쉽게 전달하고, 미래의 자금흐름을 예측해서 유사시를 대비하는 회계담당 직원은 좀처럼 보기 어렵다.

이와 같이 종합적인 능력을 갖춘 회계담당 직원은 짧은 시일에 될 수 있는 것이 아니다. 회계 기술에 또 다른 능력을 하나하나 더해 가려면 시간이 걸리기 때문이다. 머리가 좋아서 혹은 특별한 능력이 있어서 한순간에 될 수 있는 것이 아니기에, 계획적으로 공부하고, 실무 경험을 쌓으면서 반복되는 실패를 통해 터득하는 수밖에 다른 도리가 없다. 포기하지 않고 착실히 공부한 것을 실천한 사람만이 그 능력을 획득할 수 있다.

단, 성장의 상승기류를 이용하는 방법은 있다. 그림과 같이 회사의 성장에 맞춰 회계담당자인 당신도 함께 성장해 가는 것으로, 회사의 성장 방향성을 살피면서 조금 앞서서 공부하고 미리 준비하는 방법이다.

회사가 앞으로 어떻게 사업을 전개해 갈지, 그때 회계담당자로서 어떤 기술이 필요한지, 또 그러기 위해서 지금 무엇을 하면 좋을지를 미리 생각해둬야 한다.

회사와 회계담당 직원의 PDCA 성장 나선구조

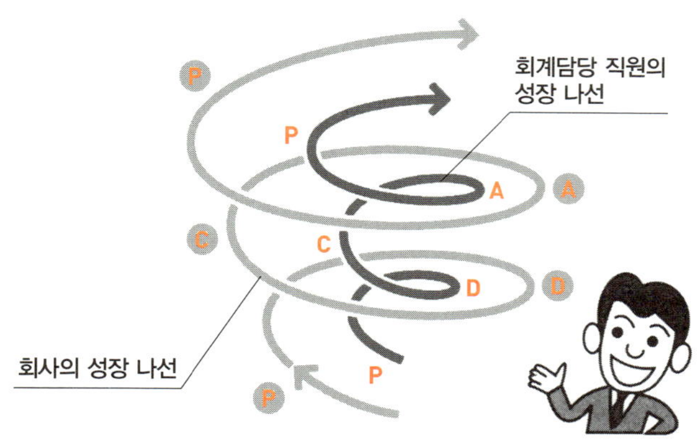

회계담당자로서 경력을 향상시키려면 시간이 걸리지만, 남은 시간은 한정되어 있다. 지금 당장 준비를 시작하기 바란다. 기회는 준비된 사람에게만 찾아오는 법이다.

회계담당자의 과제❿ ➡ 공부하고, 실천하고, 회사와 함께 성장한다.

첫발을 내딛는 사람만이 정상에 오른다

당신은 회사에서 무슨 일을 합니까?

나는 회계담당 직원을 대상으로 한 세미나에서 참가자들에게 다음과 같이 묻는다.

'가족들이 회사에서 무슨 일을 하느냐고 물으면 뭐라고 대답하시겠습니까?'

이 소박한 질문에 당신이라면 어떻게 답하겠는가?

'장부 기입하는 일을 해'라고 대답한 사람의 의식은 작업을 향하고 있다.

'업무실적을 관리하고 있어'라고 대답한 사람은 역할을 중요하게 생각한다.

'꿈을 실현하고 있어'라고 대답한 사람은 비전을 보고 있다.

당신은 매일 무엇을 보면서 일하고 있는가?

대부분의 회계담당 직원들은 경력을 쌓으면서 점점 더 넓은 세계를 보게 되는 듯하다.

그러나 단순히 주어진 업무를 수동적으로 처리하면서 안일하게 하루하루를 보내서는 경력을 향상시킬 수 없다. 벽에 부딪혀 고민하고 괴로워하면서도 그 벽을 뛰어넘으려 노력하는 사람만 성장할 수 있다.

어느 시대든 경력을 향상시켜 가는 사람에게는 세 가지 공통점이 있다.

① 목적의식을 가지고 있다.

② 목적을 달성하기 위해서 공부한다.

③ 공부한 것을 실무에 활용한다.

회계담당 직원도 부기만 배워서는 곧 벽에 부딪히게 될 것이다. 게으름 피우지 않고 늘 공부를 계속 해야만 다음 단계로 올라갈 수 있고, 경력도 향상시킬 수 있다. 씨를 뿌리지 않으면 꽃은 피지 않고, 물을 주지 않으면 나무에 열매가 열리지 않는다.

요즈음 기업에서는 회계와 재무 역할이 날이 갈수록 더 중요해지고 있다. 회계 기술을 연마하며 미래를 준비하던 사람에게 드디어 경력을 향상시킬 기회가 온 것이다.

여기서 다시 한 번 자신의 회계 기술 수준을 이 책에서 소개한 PDCA 사이클에 적용하여 점검해보기 바란다. 자신의 '개선력', '분석력', '보고력', '예측력'을 평가하고 각각 채점을 해본다. 평가가 낮은 부분에 대해서는 각 장에 나와 있는 공부 방법과 업무 방식을 참고하면 효율적으로 경력을 향상시킬 수 있을 것이다.

지금까지 익힌 부기 지식이나 회계 실무 경험은 결코 헛된 것이 아니다. 틀림없이 앞으로도 당신의 경력에 소중한 기반이 되어 줄 것이다.

기본적인 회계 기술에 새로운 기술이 추가되는 만큼 당신의 경력은 충실해진다.

회사에 대한 당신의 기여도는 당신의 경력에 반영된다.

당신의 활동으로 회사가 성장하는 만큼 당신도 성장할 수 있다는 뜻이다.

첫발을 내딛지 않으면 그 자리에 머물 뿐 앞으로 나아갈 수 없다.

오늘, 첫발을 내딛은 사람만이 내일 조금이라도 정상에 가까워진다.

당신이 첫발을 내딛는 데 이 책이 조금이나마 도움이 되었다면 더할 나위 없이 기쁘겠다.

새로운 일에 도전할 때, 의지가 되어 주는 사람이 곁에 있으면 좌절하지 않고 다시 일어설 수 있다. 아침 일찍 혼자 조깅을 시작하면 작심삼일이 되기 쉽지만, 함께 달려주는 사람이 있으면 포기하지 않고 꾸준히 계속할 수 있다.

특히 전문적인 회계 기술을 공부하거나, 지금까지 해오던 업무보다 핵심적인 업무에 도전할 때 경험자의 도움을 받으면 마음이 든든해지는 법이다. 그러므로 혼자 외로이 애쓸 것이 아니라, 망설이지 말고 회계사무소에 도움을 청하는 것이 좋다. 분명히 회계업무에 대한 구체적인 개선 방법과, 회계담당 직원으로서 경력을 향상시키는 데 필요한 조언을 해줄 것이다.

당신이 회계담당자로서 멋지게 활약하기를 진심으로 기원한다.

'회계담당자의 과제' 체크 리스트

		체크	회계담당자의 과제
제1장	회계력을 키우는 방법	☐	① 분개와 장부기입에 회계 기술을 사용하지 않는다.
		☐	② PDCA 사이클 안에서 회계담당자가 회사에 기여하는 방법을 모색한다.
		☐	③ 시간 축을 바꿔 업무 수준을 높인다.
		☐	④ 현재 회계부서의 IT 수준을 점수로 매겨본다.
		☐	⑤ 실무에서 사용하는 재무분석 방법을 적어본다.
		☐	⑥ 회사 사람들에게 회계담당자에 대한 평가를 듣는다.
		☐	⑦ 자신의 '회계력'을 종합적으로 평가한다.

		체크	회계담당자의 과제
제2장	개선력	☐	① IT를 활용하여 정보관리 방식을 바꾼다.
		☐	② 회계부서를 IT 환경에 맞게 변화시킨다.
		☐	③ 전표가 필요 없는 회계 구조를 만들어 입력과 확인 작업에서 자유로워진다.
		☐	④ 사내 수치 데이터를 투명하게 한다.
		☐	⑤ 종이문서를 서랍이나 캐비닛에 보관하지 않는다.
		☐	⑥ 가장 효율적인 업무 처리 방식을 터득한다.
		☐	⑦ 자신의 업무를 그림으로 그려서 설명한다.
		☐	⑧ 전문가의 노하우를 이용해서 개선한다.
		☐	⑨ 새로운 회계 방식을 포기하지 않고 꾸준히 제안한다.
		☐	⑩ 외부의 IT 정보를 적극적으로 수집한다.

		체크	회계담당자의 과제
제3장	분석력	☐	① 경영자의 생각과 현장의 움직임을 수치로 계산한다.
		☐	② 회사의 체중계와 체온계가 되어 '건강 상태'를 점검한다.
		☐	③ 변화를 인식할 수 있는 관찰력을 기른다.
		☐	④ 그날그날의 현예금 잔액과 수입과 지출을 그래프로 만들어 관찰한다.
		☐	⑤ 경영자의 입장에서 월차결산서를 분석한다.
		☐	⑥ '비율'과 '금액'으로 이익을 검증한다.
		☐	⑦ 재고, 외상매출금, 외상매입금에 대해 주의를 게을리하지 않는다.
		☐	⑧ 영업현금흐름에서 상각전이익과 운전자금을 확인한다.
		☐	⑨ 3개월 주기를 습관화한다.
		☐	⑩ 손익분기점 그래프로 관리회계의 기본을 복습한다.
		☐	⑪ 수익구조를 전년도와 비교한다.
		☐	⑫ 이동합계 그래프로 전체를 중장기적인 관점에서 파악한다.
		☐	⑬ 손익뿐만 아니라 자금 변동도 사분기마다 확인한다.
		☐	⑭ 결산서 작성이 끝나면 발표하기 전에 분석한다.
		☐	⑮ 회사의 현금 창출 능력을 파악하고 있어야 한다.
		☐	⑯ 대차대조표의 오른쪽을 보면 개미인지, 베짱이인지를 판단할 수 있다.

		체크	회계담당자의 과제
		☐	⑰ 워렌 버핏이라면 어떻게 할지 상각해본다.
		☐	⑱ 회계사무소의 전문가들에게 분석 노하우를 배운다.

		체크	회계담당자의 과제
제4장	보고력	☐	① 노를 젓지 말고, 소리 내어 나아갈 방향을 바로잡는다.
		☐	② 경영자가 안전하다고 생각하는 이익의 허용 범위를 알고 있어야 한다.
		☐	③ 경영자에게 회사가 원활히 돌아가고 있는지 세 가지 숫자로 보고한다.
		☐	④ 한 장의 그림으로 프레젠테이션하는 연습을 한다.
		☐	⑤ 전자계산기를 한 손어 들고 직접 손으로 쓰면서 분석한다.
		☐	⑥ 5가지 자금의 흐름을 그림으로 설명한다.
		☐	⑦ 다른 사람에게 회계를 가르치면서 회계를 배운다.
		☐	⑧ '커닝'을 해서 보고의 기본 형식을 배운다.
		☐	⑨ 나쁜 결과는 숫자로, 좋은 결과는 칭찬과 웃는 얼굴로 보고한다.
		☐	⑩ 회계사무소 담당자를 가정교사로 삼는다.

		체크	회계담당자의 과제
제5장	예측력	☐	① 예산을 편성하면서 회사의 꿈을 형태로 만든다.
		☐	② 개별적인 형편이 아니라 전체의 성과를 우선으로 생각한다.
		☐	③ 신규 프로젝트의 기미가 엿보이면 그 자리에 꼭 참석한다.
		☐	④ 서바이벌 체제에서 리스크 감지용 안테나를 세운다.
		☐	⑤ 넓은 시야로 주기(週期)를 관찰한다.
		☐	⑥ 합리적으로 사고하는 냉정함을 잃지 않는다.
		☐	⑦ 예측하면서 회사의 자무구조를 이해한다.
		☐	⑧ 뒤돌아보는 만큼 앞날을 본다.
		☐	⑨ 유능한 회계담당자는 경영자의 다음 행동을 읽는다.
		☐	⑩ 시뮬레이션 프로그램을 유용하게 활용한다.

		체크	회계담당자의 과제
제6장	개선력	☐	① 회계인생의 PDCA 사이클을 적어본다.
		☐	② 1년 뒤 자신이 처할 수 있는 최악의 모습을 상상해본다.
		☐	③ 3년 뒤 자신의 이상적인 모습을 그려보며 오늘 해야 할 일을 정한다.
		☐	④ 다른 사람에게 맡길 업무를 적어본다.
		☐	⑤ 성장 기회를 발견하면 그곳에 힘을 집중한다.
		☐	⑥ '언제까지 장부기입이나 하고 있을 거라 생각하지 마' 라고 중얼거리며 시간을 기록한다.
		☐	⑦ 자신의 기술을 평가해본다.
		☐	⑧ 만보기를 착용하고, 아이디어를 매일 1장씩 만들어낸다.
		☐	⑨ 업무를 표준화하여 회계부서의 수준을 향상시킨다.
		☐	⑩ 공부하고, 실천하고, 회사와 함께 성장한다.

35살까지 꼭 알아야 하는
회계력

초판 1쇄 인쇄 2011년 4월 15일
초판 1쇄 발행 2011년 4월 20일

지은이 고다마 다카히코
옮긴이 구현숙
펴낸이 명혜정
펴낸곳 도서출판 이아소

등록번호 제311-2004-00014호
등록일자 2004년 4월 22일
주 소 121-850 서울시 마포구 성산동 591-4번지 대명비첸시티 1503호
전 화 (02)337-0446 | **팩 스** (02)337-0402

책값은 뒤표지에 있습니다.
ISBN 978-89-92131-43-8 03320

도서출판 이아소는 독자 여러분의 의견을 소중하게 생각합니다.
E-mail : iasobook@gmail.com